U0330781

城市片区综合开发系列丛书

新型城镇化的"碳中和"道路：
明珠湾起步区绿色低碳建设实践

New Path to Urbanization of Carbon Neutral: Green and Low–carbon Construction Practice of Pearl Bay

占辉　林丽霞　魏慧娇　编著

中国建筑工业出版社

图书在版编目（CIP）数据

新型城镇化的"碳中和"道路：明珠湾起步区绿色低碳建设实践 = New Path to Urbanization of Carbon Neutral: Green and Low-carbon Construction Practice of Pearl Bay / 占辉，林丽霞，魏慧娇编著 . —北京：中国建筑工业出版社，2021.12

（城市片区综合开发系列丛书）

ISBN 978-7-112-26644-9

Ⅰ.①新… Ⅱ.①占… ②林… ③魏… Ⅲ.①低碳经济—区域经济发展—研究—南沙区 Ⅳ.①F127.655

中国版本图书馆CIP数据核字（2021）第193396号

责任编辑：张幼平　费海玲
责任校对：李美娜

城市片区综合开发系列丛书

新型城镇化的"碳中和"道路：
明珠湾起步区绿色低碳建设实践

New Path to Urbanization of Carbon Neutral: Green and Low-carbon
Construction Practice of Pearl Bay

占辉　林丽霞　魏慧娇　编著

*

中国建筑工业出版社出版、发行（北京海淀三里河路9号）
各地新华书店、建筑书店经销
北京方舟正佳图文设计有限公司制版
北京盛通印刷股份有限公司印刷

*

开本：787毫米 ×1092毫米　1/16　印张：12　字数：180千字
2022 年 1 月第一版　2022 年 1 月第一次印刷
定价：**180.00** 元
ISBN 978-7-112-26644-9
　　（38504）

序一

众所周知，城市是人类文明的载体和结晶。随着全球城市化进程加快，城市集聚了人类文明发展的诸多成果，资源、资本、人口都在城市高度集中，并产生了纽约、旧金山、东京三大世界级湾区。在新一轮的国际竞争中，中国提出了建设粤港澳大湾区的战略构想，并启动实施。

广州自贸区包括南沙、前海、横琴三个片区，是粤港澳大湾区战略承载重要平台，其中南沙是面积最大的片区，担负着新型城镇化发展的重要任务。明珠湾起步区是南沙行政区和自贸片区的核心发展区，一直秉承着"绿色生态、低碳节能、智慧城市、岭南特色"的规划定位，未来将建成南沙"新城"和"心城"。

回顾现代城市的发展历程，人类经历了曲折的发展之路和思想认识的不断更新。从现代城市规划理论的田园城市设想，到勒·柯布西耶的国际主义学说，以至 L. 克里尔和 A. 文丘里的后现代主义建筑师，人类对城市爱恨交织，尤其是 20 世纪 60 年代简·雅各布斯《美国城市的死与生》，引起了对城市规划建设的激烈讨论和全方位的重新认识。

在粤港澳大湾区建设发展中，南沙要建设什么样的城市，这是非常富有挑战和创造性的课题。交通拥堵、环境污染、能源紧张、公共设施配套不足，这些城市发展疾病需要在顶层设计认真研究。2005 年习近平总书记首提"绿水青山就是金山银山"的生态发展理念，2012 年提出"人类命运共同体"的科学概念，2021 年明确"碳中和，碳达峰"任务时间表，对南沙的城市发展具有深刻的指导意义。

南沙明珠湾起步区高点定位，科学谋划，一直积极探索新型城镇化的碳中和道路，通过绿色低碳建设实践，取得了丰硕成果。通过引智、引技，结合明珠湾起步区开发建设实践，编写了《新型城镇化的"碳中和"道路：明珠湾起步区绿色低碳建设实践》，包含了绿色生态城市指引体系、高效紧凑的空间布局、蓝绿交织的生态环境、资源节约的市政设施、绿色安全的城市交通、高质量的绿色建筑、循环利用的固废弃物、融合生态的智慧城市、创新精细的建设管理和积极打造"绿色生态影响力"十个方面的内容。在明珠湾广大建设者的共同努力下，明珠湾起步区先后获得"保尔森可持续发展绿色创新类别优胜奖"、"亚洲都市景观奖"、"LEED FOR CITIES AND COMMUNITIES 铂金级预认证"、"国家绿色生态城区三星级规划设计标识"、"Construction 21 国际可持续发展城区解决方案奖"。我曾于2016～2019年担任明珠湾起步区开发建设指挥部总指挥，对这些成果和荣誉深感欣慰，往日与同事们一起努力的工作场景又一下子历历在目。

2015年12月20日召开的中央城市工作会议指出，要尊重城市发展规律，统筹空间、规模、产业三大结构，规划、建设、管理三大环节，改革、科技、文化三大动力，生产、生活、生态三大布局，政府、社会、市民三大主体，提高城市工作的全局性、系统性、持续性、宜居性和积极性。南沙承载着国家新区、国家自贸区、粤港澳合作示范区和广州副中心（三区一中心）的战略使命，明珠湾起步区则负有先行先试、率先垂范的积极任务，本书的出版就是一次很好的实践。借此机会，也希望明珠湾起步区能在落实中央城市工作会议精神方面做出有益实践，为粤港澳大湾区的开发建设做出精彩贡献。

2022.1.21

序二

自 2002 年广东省委在广州南沙召开南沙开发建设现场会以来，城市大开发正式拉开帷幕。2019 年广州南沙形成国家级新区、自贸试验区、粤港澳全面合作示范区和广州城市副中心的"三区一中心"发展战略新格局。位于新区中心位置的明珠湾起步区作为南沙新区建设的样板和先行示范区，2014 年 8 月开工奠基。

一晃七年，明珠湾起步区已光芒初现。回望来时路，在南沙区管委会的前瞻性领导下，明珠湾起步区坚持生态最优先、人民为中心的发展理念，精细化规划、高品质建设，在留存生态本底中，建设生态与城市并存的新型城市。2019 年，明珠湾起步区先行建设的灵山岛尖获得国家首个三星级绿色生态城区规划设计标识、Construction 国际评选为国际"绿色可持续城区奖"，2020 年灵山外江景观采用的"景观＋生态"模式被联合国人居署亚太办事处评为亚洲都市景观奖，全国首创的"绿色生态总设计师模式"被保尔森基金会和清华大学评选为可持续发展优胜奖，横沥岛尖被美国绿建委评选为 LEED 铂金预认证。一系列认可和奖项，既是风雨建设提交的答卷，也是前行路上的动力，更为粤港澳大湾区新城建设提供了示范样板和摸索经验。

志当存高远，不忘最初心。2013 年明珠湾开发之初就提出了"绿色生态、低碳节能、智慧城市、岭南特色"十六字方针，它贯穿明珠湾起步区的建设始终。生态低碳建设成为城市建设中的颗颗明珠，闪耀夺目：抗风浪、强韧性的生态堤，在抗击 200 年一遇的风暴潮中屹立；生态修复的滩涂成为绿色丝绸环绕岛周；80% 高星级的绿色建筑让人们体会建筑之美、室内之乐；全岛联通的风雨连廊让阳光、风雨都为归家让路；15min 门对门生活圈、300m 教育圈、2km 工作圈，让人们找到家的温馨圈。立体绿化、慢行交通、公共交通组建繁密的出行网；蓝天白天、鱼翔浅底的明珠湾美景，都让这片土地生态生机勃勃，欢声笑语。

骐骥千里，非一时之功，罗马之城，非一人之力。今日之美景和成绩，离不开南沙区历任领导的指导和参与开发建设的各位同仁的辛劳勤奋、敬业奉献，离不开城市规划建设管理部门的协同合作和全力以赴。借此感谢为明珠湾起步区城市建设做出贡献的每一位同志和朋友的热血和智慧、努力和付出。

本书归纳整理了明珠湾几年来在绿色生态低碳节能建设实践方面的重要成果，是明珠湾开发建设者思考和探索绿色低碳建设的研究方法、技术手段、开发管控过程的结晶，具有一定的开创性和可操性，对区域绿色生态开发建设有一定的启发。希望本书的出版可以对我国绿色生态城市建设研究起到积极的推动作用。

2021.10

前　言

党的十八大将生态文明上升到"五位一体"的高度,近年来,在"美丽中国"国家战略以及"绿水青山就是金山银山"的生态文明理念指引下,生态文明建设发生了历史性、转折性、全局性的变化。从单体绿色建筑到绿色生态城区,从浅绿到深绿,生态理念逐步融合到城市建设的方方面面,"十四五"时期,我国生态文明建设进入了以降碳为重点战略方向、推动减污降碳协同增效、促进经济社会发展全面绿色转型、实现生态环境质量改善由量变到质变的关键时期。

明珠湾起步区作为广州南沙先行开发区域,坚持生态作为城市底色,愿景依托独特的自然禀赋和岭南水乡文化脉络,践行高品质绿色发展要求,建设"岭南智慧城市",打造"南海魅力湾区"。区域的绿色城镇化建设承载人民对美好生活向往的要求,更在实现碳达峰和碳中和的进程中被赋予更高的期许和责任。

本书全面系统地总结了明珠湾起步区在绿色生态城市建设中的创新研究成果,对区域的绿色生态指标体系构建、空间布局、生态环境、市政设施、城市交通、绿色建筑、固体废弃物、智慧城市、创新生态管理进行了系统阐述,力求全面、系统地展示明珠湾起步区近七年的绿色低碳建设全景工作,希望可以在更大范围内推广绿色低碳的城市建设理念,推动绿色低碳工作更上一层楼。

第1、2章由占辉、林丽霞等编写。系统介绍绿色生态城市的起源和明珠湾起步区的绿色生态指标体系,系统搭建明珠湾起步区因地制宜的绿色低碳顶层设计框架。

第3、4章由魏慧娇、陈真莲等编写。从城市空间布局、蓝绿交织生态环境两个层级,介绍整体生态骨架,针对性地提出空间及环境的生态要求及创新实践。

第5、6章由占辉等编写。明确市政设施的资源节约要求以及绿色安全的城市交通建设推进方向，从生态内涵、发展策略、具体建设实践进行详细介绍。

第7章由林丽霞等编写。以建筑绿色低碳为切入口，介绍明珠湾起步区"绿色建筑+"概念如何融入建筑领域，并以具体案例介绍建筑低碳生态的新技术应用，以期为更多的新建项目融合生态概念提供参考和模板。

第8、9章由占辉、魏慧娇、冯露菲等编写。第8章为循环利用的固体废弃物，从生活垃圾、建筑垃圾、淤泥垃圾等几个方面讲述废弃物资源化利用的价值。第9章为融合生态理念的智慧城市，将生态与智慧相辅相成的体系搭建、平台建设、共赢效益进行了介绍。

第10、11章由占辉、林丽霞、陈真莲等编写。详细阐述在推进低碳生态建设过程中，明珠湾起步区创新的体制机制、绿色生态总设计师制度、城市规划总设计师制度，并通过实践打造的绿色生态影响力和国内（际）组织认可荣誉。

本书全方位、全角度地介绍了明珠湾起步区在低碳生态城市建设领域的技术研究、管理模式、创新做法，全景展示了岭南特色气候特点、城市风貌下的低碳建设成效。本书是全体编委共同辛勤劳动的成果，虽在编制过程中几经修改，但由于编者水平有限，涉及角度多，不足之处恳请广大读者朋友批评指正。

目　录

第1章　绿色生态城市源起及发展................................. 001
　　1.1 我国绿色生态城市发展 001
　　1.2 绿色生态建设的思考 003
　　　　1.2.1 绿色生态城市发展经验总结 003
　　　　1.2.2 未来绿色生态城市发展方向思考 005
　　1.3 明珠湾区绿色生态城市探索与实践 006
　　　　1.3.1 基本情况 006
　　　　1.3.2 绿色生态建设目标与愿景 008
　　　　1.3.3 绿色生态建设实践及探索 008

第2章　明珠湾绿色生态城市指标体系............................. 013
　　2.1 绿色生态指标体系的重要意义 013
　　　　2.1.1 指标体系的概念 013
　　　　2.1.2 绿色生态指标体系的重要意义 014
　　2.2 典型绿色生态指标体系借鉴 015
　　　　2.2.1 国际绿色生态城市相关评价指标 015
　　　　2.2.2 国内绿色生态城区评价指标 017
　　2.3 明珠湾起步区绿色生态指标体系构建 019
　　　　2.3.1 明珠湾起步区绿色生态指标体系构建原则 020
　　　　2.3.2 指标体系制定目标 021
　　　　2.3.3 指标体系构建 022
　　2.4 绿色生态指标体系应用 026
　　　　2.4.1 绿色生态指标体系应用的空间范围 026
　　　　2.4.2 绿色生态指标体系应用的时间范围 027

第3章　高效紧凑的空间布局..................................... 033
　　3.1 城市规划布局对绿色生态发展的影响 033
　　　　3.1.1 用地布局的影响 033
　　　　3.1.2 道路交通规划的影响 034

　　　3.1.3 景观绿化布局的影响 035

　　　3.1.4 建筑朝向及布局的影响 036

　3.2 城市紧凑发展的基本内涵 036

　　　3.2.1 高密度开发 036

　　　3.2.2 功能紧凑 037

　　　3.2.3 公共交通导向模式（TOD）............................... 037

　3.3 明珠湾起步区空间规划发展策略 037

　　　3.3.1 提升土地开发效率 037

　　　3.3.2 塑造滨海空间风貌 039

　　　3.3.3 打造富有活力的城市场地 042

　3.4 优化建筑空间和朝向 049

　　　3.4.1 场地一体化设计 049

　　　3.4.2 垂直功能混合理念 050

　　　3.4.3 建筑魅力空间 050

　　　3.4.4 调整建筑布局和朝向 051

　3.5 地下空间开发与利用 052

　　　3.5.1 总体布局规划 053

　　　3.5.2 地下空间商业布局控制 053

　　　3.5.3 地下空间开发强度布局 054

　　　3.5.4 下沉式广场 054

第4章　蓝绿交织的生态环境 055

　4.1 可持续生态环境的内涵 055

　4.2 以"水"为核心的生态环境建设原则 055

　4.3 构建生态水网 056

　　　4.3.1 内水水系重构 057

　　　4.3.2 水系联通 058

　　　4.3.3 水体循环 058

　　　4.3.4 河道基流维持 059

4.4 滨水景观与生态岸线 061

    4.4.1 滨水空间打造 061

    4.4.2 驳岸规划 064

    4.4.3 生态堤 065

4.5 绿地生态环境建设 067

    4.5.1 景观绿廊 067

    4.5.2 大型绿地公园 068

    4.5.3 道路绿化景观 069

4.6 海绵城市建设 070

第5章 资源节约的市政设施 074

5.1 绿色市政内涵 074

5.2 循环利用水资源 075

    5.2.1 污水处理及回用 075

    5.2.2 雨水处理及回用 076

5.3 高效利用清洁能源 077

    5.3.1 区域用能需求及特点 077

    5.3.2 能源利用原则 078

    5.3.3 可再生能源资源利用 078

    5.3.4 区域集中供冷 080

    5.3.5 能源互联网 081

5.4 综合管廊总体建设情况 084

    5.4.1 建设需求分析 084

    5.4.2 规划建设情况 084

第6章 绿色安全的城市交通 086

6.1 绿色交通概念 086

6.2 明珠湾绿色交通发展策略 087

    6.2.1 共建区域轨道网络，构建多向开放格局 087

6.2.2 构建骨架道路网络，塑造国际型都市 088

6.2.3 优化公交系统结构，加强公交服务能力 089

6.2.4 打造特色慢行网络，提升城市出行品质 089

6.2.5 推进智慧交通管控，提高交通系统效率 090

6.3 公共交通系统建设 090

6.3.1 公共交通线路组织 090

6.3.2 公共交通站点组织 092

6.4 轨道交通系统建设 095

6.4.1 轨道交通总体布局 095

6.4.2 一体化交通站点设计 095

6.5 慢行交通系统建设 096

6.5.1 步行空间组织原则 096

6.5.2 慢行空间塑造方式 097

6.6 静态交通系统建设 100

6.6.1 机动车停车实施建设 100

6.6.2 自行车停车设施建设 103

6.6.3 过街设施建设 104

6.6.4 打造无人驾驶示范工程 106

第 7 章 高质量的绿色建筑 109

7.1 广东省绿色建筑发展概况 109

7.2 发展目标及路径 110

7.2.1 顶层规划——绿色生态指标体系 110

7.2.2 中层衔接——绿色建筑专项规划 111

7.2.3 底层管控——绿色建筑全过程管控 112

7.3 绿色建筑实施策略 112

7.3.1 规模化发展绿色建筑 112

7.3.2 实现资源与能源的集约化利用 113

7.3.3 提升绿色建筑能力建设 114

7.4 绿色建筑重点示范 115

    7.4.1 南沙青少年宫 115

    7.4.2 灵山岛尖九年一贯制学校 118

    7.4.3 中山大学附属第一（南沙）医院 120

    7.4.4 灵山岛尖公交站场 122

第8章　循环利用的固体废弃物 126

  8.1 固体废弃物循环利用原则 126

  8.2 生活垃圾集约化利用 127

    8.2.1 生活垃圾收运体系 128

    8.2.2 生活垃圾处理方式 132

  8.3 建筑垃圾再循环利用 133

    8.3.1 建筑材料循环利用 133

    8.3.2 开挖污泥循环利用 136

第9章　融合生态理念的智慧城市 142

  9.1 智慧城市发展概况 142

  9.2 智慧城市平台建设 142

    9.2.1 以目标为导向构建智慧城市蓝图 143

    9.2.2 建设智慧城市双重保障体系 143

    9.2.3 以需求为导向提出时序及管控建议 144

    9.2.4 共建共赢生态体系 145

  9.3 建设内容及效果反馈 145

    9.3.1 建设工程管理信息平台 145

    9.3.2 智能水务管理平台 149

    9.3.3 智慧运营管理平台 151

第10章　创新精细化的建设管理 153

  10.1 体制机制创新 153

10.2 全过程城市设计管理 153

    10.2.1 全过程管理制度概况 153

    10.2.2 地区总师制度与现行规划制定的关系 154

    10.2.3 总师制度工作流程 156

10.3 绿色生态总设计师制度 159

    10.3.1 行政审批部门 159

    10.3.2 职责分工 159

    10.3.3 制度实施情况 160

第 11 章   积极打造"绿色生态影响力" 162

11.1 政策宣传推广绿色生活 162

    11.1.1 加强政策和技术宣传 162

    11.1.2 开展绿色文化宣传 162

    11.1.3 组织经验交流和推广 163

    11.1.4 加强多方合作交流 163

    11.1.5 推广绿色建筑标识 163

    11.1.6 开展明珠讲坛活动 164

    11.1.7 公众参与和社会监督 164

11.2 明珠湾绿色生态荣誉 164

    11.2.1 保尔森可持续发展绿色创新类别优胜奖 164

    11.2.2 亚洲都市景观奖 165

    11.2.3 LEED for City and Community 铂金级预认证 166

    11.2.4 国家级绿色生态城区三星级规划设计标识 168

    11.2.5 Construction21 国际可持续发展城区解决方案奖 169

参考文献 171

后记 175

第 1 章　绿色生态城市源起及发展

城市是人类文明的重要组成部分，是人类群居生活的高级形式。城市的出现，是人类走向成熟和文明的标志。城市一方面为人类集聚财富、实现美好梦想，另一方面也占用着地球 85% 的资源与能源消耗总量，排放着同等规模的温室气体，并由此引发了气候变暖、臭氧减少、海平面上升、碳平衡失调、生物多样性丧失等一系列生态环境连锁性问题。如何发挥城市在应对气候变化中的积极作用，成为众多国家、组织和学者们的研究重点。

1.1 我国绿色生态城市发展

绿色生态城市的发展理念与我国古代"天人合一"的哲学思想在本质内涵上有相通之处，其理论思想在应对我国快速城镇化发展过程中所遇到的各类"城市病"问题中起到了明显的积极作用，因此我国绿色生态城市的发展与国际绿色生态城市的发展相比有自身的特色。

从 2003 年生态与文明首度被关联，到 2005 年"生态文明"概念被首次提出，再到党的十八大首次将生态文明融入"五位一体"的国家发展总体布局，"绿色化"发展逐渐成为我国新型城镇化发展的方向之一，"绿色化"的本质是资源的最优化利用。在城市雾霾、交通拥堵等大城市病日益严重的形势下，坚持以"绿色生态文明"为代表的新型城镇化发展模式已经是大势所趋，绿色生态城市建设也是势在必行。我国绿色生态城市的发展有以下几个重要事件：

——2006 年，我国颁布首个《绿色建筑评价标准》GB/T 50378—2006[1]，标志着绿色生态理念在我国建筑工程中的推广和实施。

——2008 年，我国开始着手在城市层面试行绿色生态理念，在 2009 年的国际城市和发展论坛上，住房和城乡建设部原副部长仇保兴首次提出

"低碳生态城市"的概念。

——2011年，我国通过国际合作、住房和城乡建设部与省市共建等方式在全国启动绿色生态试点工作，推进中新天津生态城等绿色生态城区试点。

——2012年9月，为了加强低碳生态试点城（镇）的推进力度，住房和城乡建设部对低碳生态试点城（镇）和绿色生态城区工作进行整合，并联合财政部对规划先进、新增绿色建筑面积比较大的绿色生态示范城区进行财政补贴、税收优惠、贷款贴息等激励。

——2013年，住房和城乡建设部制定并出台《"十二五"绿色建筑和绿色生态城区发展规划》，明确了"十二五"期间实施100个绿色生态城区示范建设的目标。在政策支持下，山东、江苏、天津、安徽、甘肃等省市推动地方性试点300多个，示范城市（区）进入规划落地的建设时期，并取得了实践经验和阶段性成果。

——2017年，我国颁布《绿色生态城区评价标准》GB/T 51255—2017[2]，我国绿色生态城区标识认证流程、标准、技术体系逐渐完善，进入标准化建设阶段，这为绿色生态城市的全面建设和推广奠定了重要的基础。在国家标准的引导下，上海市等多地出台本地绿色生态城区评价标准或设计导则，推进绿色生态城区在全国新一轮的快速发展。

——2019年12月，住房和城乡建设部工作会议提出坚定不移贯彻"创新、协调、绿色、开放、共享"的新发展理念，"走内涵集约式的城乡建设高质量发展新路，决不能再回到大量建设、大量消耗、大量排放的粗放式发展的老路上"，要求"要充分认识到住房和城乡建设领域是贯彻落实新发展理念，推广绿色发展的主要载体和重要战场"，将提升城市品质和人居环境质量，建设"美丽城市"作为2020年重点工作内容之一。

——2020年9月22日，在联合国大会上，中国首次向世界宣布中国碳达峰与碳中和的愿景，二氧化碳排放力争于2030年前达到峰值，努力争取2060年前实现碳中和。

——2021年3月15日，中央财经委员会第九次会议提到，要把碳达峰、碳中和纳入生态文明建设整体布局，拿出抓铁有痕的劲头，如期实现碳达峰、碳中和目标。在"双碳"目标引领下，我国绿色生态城市的发展面临新的机遇与挑战。

我国绿色生态城区的发展历程可总结为五个阶段，详见表 1-1。

我国绿色生态城区发展历程　　　　　　　表 1-1

第一阶段：试点	在 2012 年之前，通过国际合作、签订部省部市合作协议的方式，推进天津中新生态城、唐山湾生态城等 12 个绿色生态城区试点
第二阶段：激励	2012 年 11 月，第一批由国家评审认定的绿色生态城区正式出炉，26 家申报单位共选出中新天津生态城、昆明呈贡新区等 8 家绿色生态城区，中央财政补助 5000 万，支持生态城区专项建设
第三阶段：推广	2013 年到 2017 年，中央及地方各项政策文件密集出台，住房和城乡建设部整合绿色生态城区和低碳生态试点城（镇）工作
第四阶段：标准化发展	2017 年《绿色生态城区评价标准》出台，2018 年正式实施，我国生态城区标识认证流程、标准、技术体系逐渐完善，进入标准化建设阶段
第五阶段：提升发展	2019 年后，推进城市高质量发展，绿色生态城市逐步与"美丽城市""海绵城市""智慧城市""碳达峰、碳中和"等更多城市发展理念相融合，着力提升城市品质和人居环境质量

多年来的规划和建设实践证明，要实现可持续发展目标，尤其是在城市化快速推进阶段，需要从城市角度来审视建设行为，城市开发建设涵盖城市规划、土地布局、交通组织、基础设施建设、生态保护、绿色建筑、水系统、社区建设、固体废弃物处理等诸多专业领域，涉及政府、企业、个人等各种主体，需要从法律、法规、政策、技术、管理、投融资等各个层面推进。

1.2 绿色生态建设的思考

1.2.1 绿色生态城市发展经验总结

通过对国内外绿色生态城市发展情况的分析，总结发展经验如下：

1）能源的发展是绿色生态城市关注的重点之一

发展可再生能源作为缓解能源和环境"双重危机"与实现"双碳目标"的重要措施，在很多城市中得到推广应用。可再生能源的应用要满足因地制宜的要求，充分结合本地的条件，选择适宜的可再生能源种类及其应用方式，如地势开阔、日照条件较好的地区适合选择太阳能资源，靠近河湖水系的地区适合选择水源热泵技术等，因此合理确定可再生能源的使用形式和范围，对于提升能源效益具有重要意义。

2）绿色建筑是绿色生态城市发展的重要载体

建筑能耗是社会总能耗的重要组成部分。控制建筑能耗、发展绿色建筑对于实现绿色生态城市的建设目标有关键性作用。选择绿色建筑作为绿色生态城市发展的落脚点和载体的优势包括：便于从建筑的全生命周期进行绿色生态的全过程管理；建筑是居民最主要的活动空间，以建筑为主要实施对象有利于形成公众积极参与的场所；同时建筑建造涉及材料、用能、用水、废弃物处理等多个领域，以建筑为抓手，可以有效关注绿色生态城市建设的各个方面。

3）绿色生态发展应坚持从城市的特色和居民的需求出发

绿色生态城市的发展不仅是为了缓解能源和环境问题，同时也是为了提升居民在城市中的生活体验，比如发展更多城市绿地，增加人们亲近自然的机会；增加公交站点等绿色出行措施，解决交通拥堵问题，提升居民出行便捷性；实施废物回收利用计划，避免"垃圾包围城市"的情形出现等。绿色生态城市秉承以人为本的发展核心，通过城市的绿色提升为市民谋求更加宜居的生活空间，才能得到公众的参与和支持，进而取得良好的发展效果。

4）绿色生态城市的发展需要从政府层面制定相应的支持政策

绿色生态城市涉及城市规划、市政基础设施等内容，单靠个人或某个团体无法实施，只有得到政府的支持，才能真正落地实施。政府在绿色生态城市的发展中可发挥政策制定、效果评价、基础配套工程实施、城市管理等作用。政府制定的政策包括国家政策和地方政策（城市政策），政策的内容一般包括激励、惩罚、风险控制等类型，如常见的可再生能源补贴政策、污染物排放超标惩罚政策等，通过完善的政策管理机制，切实保证绿色生态措施的实施效果。

1.2.2 未来绿色生态城市发展方向思考

"十四五"期间，预计我国将加快在绿色生态、低碳节能等方面的建设和发展，城乡建设领域也将面临新的发展要求，为了更好地实现绿色低碳和可持续发展目标，我国绿色生态城市发展方向主要包括以下几点：

1）创新规划理念和方法

更新规划理念，将绿色生态城市的发展理念和目标与现有规划体系充分衔接，以保证其在规划中的真正体现；建立完善的绿色生态规划体系，明确绿色生态城市规划的目标、原则和方法；借力大数据的发展，更新传统的规划方法和技术；分类建立绿色生态指标体系和评价标准，注重评价的科学性和时效性，切实有效地引导和促进绿色生态城市发展。

2）完善管理和保障机制

设置专门的组织机构，建立完善的管理和保障机制是保证绿色生态城市长效、有序发展的重要因素之一。构建涵盖建设、环保、产业、财政和能源等领域完善的政策体系，引导绿色生态城市规划、建设和管理的各个环节，并促进相关配套措施的协同推进；同时建立信息公开制度，逐步完善公众参与绿色生活的民主法治和舆论监督机制。

3）充分发挥市场作用

目前的绿色生态城市实践大多是由政府主导自上而下地建设，企业和社会等主体的参与度不高，导致市场的资源配置作用得不到充分发挥。绿色生态城市发展不应是政府单向的纯粹公益性投入，仅靠政策的推动力也无法获得长效可持续的发展。因此应通过体制创新来调动市场的积极性，充分发挥市场的积极作用，发展新兴环保产业，倡导企业集约节能，引导社会消费需求，形成政府引导、市场主导、社会参与的良性发展态势。

4）倡导绿色生活理念

公众参与是社会支持生态建设的具体体现，是实现绿色发展目标的重要保障。绿色生态城市理念除了贯彻于各项城市建设中，还应将其逐步引导到居民日常的生活方式中，以此来逐步调整城市的生产结构和消费结构，从根本上改变城市旧有的粗放发展模式。促进生产生活方式的转变，通过政府、企业和公众的共同参与，采用开展宣传、评选、示范等多种方式推广绿色理念，培养公众的环境素质、环保意识，在衣、食、住、行、用等方面体现绿色生活理念。

1.3 明珠湾区绿色生态城市探索与实践

1.3.1 基本情况

广州南沙新区地处粤港澳大湾区地理几何中心、广州最南端，距香港、澳门分别仅 38 海里和 41 海里，总规划面积 803km²，区位优势得天独厚，是连接珠江口两岸城市群的重要枢纽和区域综合性交通枢纽，方圆 100km 范围内聚集大湾区 11 座城市及 5 大国际机场。1990 年 6 月，南沙确定为重点对外开放区域和经济开发区，1993 年 5 月 12 日，国务院批准设立广州南沙经济开发区，2005 年成为广州的行政区；2012 年和 2014 年先后获国务院批准为国家新区和自贸试验区，形成了"双区"叠加的发展优势；2016 年 8 月，广州市委十届九次全会把南沙新区定位为广州城市副中心；2016 年 12 月，广东省委经济工作会议提出把南沙自贸试验区建设成为高水平对外开放门户枢纽；2019 年 2 月，《粤港澳大湾区规划纲要》[3] 发布，明确将南沙区建设成为粤港澳大湾区示范区。至此，南沙新区形成"三区一中心"（国家新区、自贸试验区、粤港澳全面合作示范区、承载门户枢纽功能的广州城市副中心）战略发展新格局。

2021 年 6 月，《广州市南沙区、广州南沙开发区（自贸区南沙片区）国民经济和社会发展第十四个五年规划和 2035 年远景目标纲要》[4] 发布，提出"十四五"期间区域辐射带动能力显著增强，在环内湾地区一体化、"一核一带一区"建设中发挥引领示范作用，打造广深"双城"联动先行示范区、粤港澳全面合作示范区和国内国际双循环重要枢纽节点，国际竞争力和影响力显著提升。

明珠湾区位于南沙新区中心城区的核心区域，规划总用地面积约 103km²。明珠湾起步区位于明珠湾核心区北部，规划用地北起虎门高速（莞佛高速），南至下横沥水道，西起京珠高速和灵新大道，东至三镇大道，规划区总用地面积约 33km²，是南沙新区中心城区核心区域先行建设区域，也是南沙自贸试验区七个功能片区之一，承担金融商务发展试验区功能。

起步区规划区总用地面积约 2826.76hm²，其中城市建设用地为 1838.38hm²，村庄建设用地 25.75hm²，水域 962.63hm²，蕉门水道、上横沥水道、下横沥水道从规划区穿过，将用地分为四部分，分别为灵山岛尖、横沥岛尖、蕉门河口片区和慧谷西区。以灵山、横沥岛尖为先期建设核心，规划建设成为金融商务发展试验区，重点发展金融服务、总部经济和科技创新等高端服务业，打造成为高水平对外开放门户枢纽的核心功能区和广州城市副中心的引导示范区（图 1-1）。

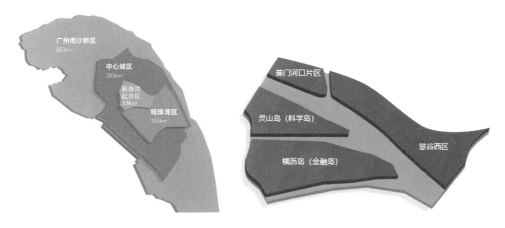

图 1-1 广州南沙明珠湾板块图
图片来源：广州南沙新区明珠湾开发建设管理局

1.3.2 绿色生态建设目标与愿景

南沙明珠湾起步区建设过程中，树立了"生态优先、宜居第一"的理念。基于良好的生态基地，区域在规划过程中重视规划区内山体、水域等重要生态资源的保护与开发，充分利用本地山水资源，结合亚热带季风性气候特征，融入环保、节能理念，注重地区产业发展的协调，营造高品质的生产和生活环境，塑造山水交融、风景优美的生态型宜居城市空间。

明珠湾起步区城市建设的愿景是依托独特的自然禀赋和岭南水乡文化脉络，践行高品质绿色发展要求，建设"岭南智慧城市"，打造"南海魅力湾区"。按照"低碳节能、绿色生态、智慧城市、岭南特色"的建设理念，以及"国际化、高端化、品质化、精细化"的高标准要求，规划和建设城市基础设施和公共服务设施，将明珠湾起步区打造成为生产、生活、生态空间融合的绿色生态示范区，为南沙新区、广州市乃至整个粤港澳大湾区提供可复制、可推广的绿色生态发展经验。

1.3.3 绿色生态建设实践及探索

1）统筹城市建设各方面，推进绿色生态城市系统化建设

绿色生态城市建设是一个系统工程，绿色生态发展不仅要注重生态环境的保护，降低城市活动对自然环境的影响，提升城市绿化率，改善城市整体环境，同时还需要大力节约集约利用资源，加强全过程节约管理，大幅降低能源、水、土地等资源的消耗强度，大力发展循环经济，促进生产、流通、消费过程的减量化、再利用、资源化。因此，绿色生态城市的建设必须从系统工程的角度，统筹城市建设的各个方面。

明珠湾起步区绿色生态城市建设中，将关键要素划分为三个层次：绿色生态环境、绿色生态设施和绿色生态服务（图1-2）。绿色生态环境主要是自然环境、生态环境、微气候等内容；绿色生态设施主要是建筑、交通、市政基础设施建设等内容；绿色生态服务是城区建设和运行过程中可以为居民所提供的绿色生态功能和贡献。

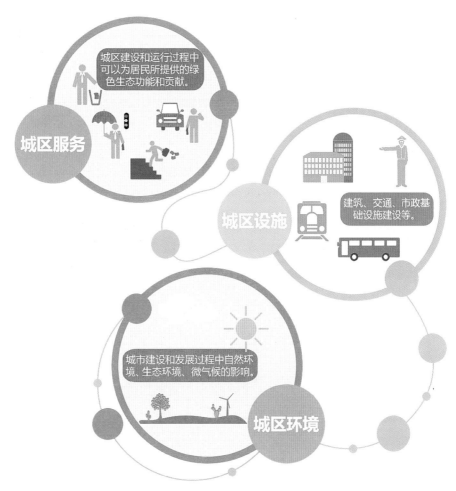

图 1-2 明珠湾起步区绿色生态城区三个层面关键要素

为了全面实现上述三个层面的绿色生态建设和发展，明珠湾起步区结合自身特色，开展了一系列探索和实践，积累了一定的实践经验。

（1）充分结合区域特色，注重绿色生态理念与自然条件充分融合

明珠湾起步区内河网密布，是典型的珠江三角平原水网区域。三条外水水道将规划区划分成三个部分，三条水道分别为上横沥水道、下横沥水道、蕉门水道，横沥岛尖位于这三条水道汇合口处。明珠湾是"浮在"水面上的绿色生态明珠（图 1-3）。

为了充分发挥滨水的自然优势，营造富有灵性的城市风貌，同时做好水系的生态保护，最大限度降低开发建设过程中对水系的污染和影响，

图 1-3　明珠湾起步区内部主要河流布局图

明珠湾起步区以"钻石"理念为着眼点，融合绿色生态主旨思想，突出因地制宜建设要求，对本地区的现状与规划情况进行分析论证，关注建设方案的经济性、实操性等实施效果，并在此基础上提升城市文化和品位。通过设计，做到将山水相连、五水汇湾、三江六岸的元素融入城市建设中，强调水网体系先行、注重基础设施的高标准建设，突出重点城市空间、功能区和地标建筑，形成多样化的滨水城市特色，避免千城一面，力求卓尔不群。

（2）落实节约集约用地，实现地上地下同步紧凑开发

明珠湾起步区秉承节约集约用地理念，通过优化空间布局、增加混合开发比例、集中开发地下空间、建设集约高效的地下综合管廊等多种措施，重点实现"不同功能区综合开发、地上地下同步规划"，在实现高效建设的同时，做好开发计划，安排好建设时序，全面提升土地利用效率。

（3）完善公共设施建设，提升市民生活便捷度

绿色生态城市的建设不仅要节约资源、保护环境，其最终目标是提升城市品质，实现城市人文系统和自然生态系统的和谐共生，实现可持续发展。因此，绿色生态城市的发展不能牺牲市民的生活体验，相反，绿色生态城市应能为市民的生活提供更多便利，打造更加健康、舒适、宜居的生活空间。

明珠湾起步区在公共设施方面重点采取了以下措施：一是树立绿色市政理念，在水资源循环利用、清洁能源、固体废弃物处理利用等方面，充分落实绿色生态要求，力争实现资源和能源的节约，并减少有害物质的排放；二是在绿色交通方面，从步行交通、自行车交通、公共交通、轨道交通等多个层次，进行系统的规划和落实，并结合起步区灵山岛尖三面环水的自然条件，规划环岛健康步道，为市民出行和锻炼提供方便；三是结合整体布局，提升混合开发地块的比例，完善服务设施，打造15分钟生活圈，混合开发不仅可提升土地的利用效率，还有助于提升社区活跃度，激发城市活力。

2）坚持建设与管理并重，构建城市绿色智慧管理新模式

近年来，借助智慧城市理念推进城市科学化、精细化管理的模式逐步被政府和市民所接受。智慧城市是指利用各种信息技术，将城市的系统和服务打通、集成，以提升资源运用的效率，优化城市管理和服务，以及改善市民生活质量。智慧利用信息和通信技术手段感测、分析、整合城市运行核心系统的关键信息，对民生等需求做出智能的响应，为人类创造更美好的城市生活。

绿色生态城市融合智慧城市理念，将推进绿色生态向着更科学、更有效、更全面的方向发展，同时通过绿色智慧管理，可加强对绿色生态重点工程建设情况的监督、考核，通过大数据的方式，将绿色生态的实施效果进行上传和保存，便于对其进行跟踪评价，持续更新绿色生态发展目标。

3）树立"从容建设"理念，实施"绿色生态总师"制度

2012 年，时任广东省委书记汪洋曾强调，南沙新区开发必须确立"科学开发，从容建设"这一核心理念。"科学"要求"从容"，"从容"才能"科学"，"科学""从容"才能"全面、协调、可持续"，这是南沙新区开发的核心和灵魂，对此，要有清醒自觉的认识和把握。南沙新区的

开发建设，一定要深刻吸取传统开发模式的经验教训，要有战略大局、长远眼光和从容心态，充分利用好现有的优势和难得的发展机遇，从长计议，想清楚了、规划好了再开发。做到宁可发展慢一点，也要看得准一点，确保发展好一点，绝不能急于求成，绝不能一味大干快上，绝不能再搞边干边完善。要有"功成不必在我任期"的心态，着眼于长远发展目标，遵循城市建设和产业发展规律，从容不迫，谋定而动，精耕细作，努力把南沙新区打造成珠三角乃至全国最具国际竞争力的区域，打造成经得起历史检验的"伟大作品"。

明珠湾起步区遵循南沙"从容建设"的理念，协调好发展的速度和质量，做到科学规划、注重质量、从容建设，不追求速度，更不刮风搞运动，致力于"精耕细作"，推动城市建设有序进行，包括事先做好控制性规划。在绿色生态城市建设方面，起步区首次尝试建立"绿色生态总师"制度，绿色生态总师对明珠湾的城市建设中的生态工作进行全过程指导，提供全过程技术服务。所谓全过程技术服务指贯穿立项与选址阶段、规划阶段、设计阶段、施工阶段直至运营阶段项目全生命周期的技术支持与服务。通过绿色生态总师制度，加强城市生态建设精细化管理，加大绿色生态方面的事前、事中管控的力度，确保绿色生态城市建设实施效果。

第 2 章　明珠湾绿色生态城市指标体系

2.1 绿色生态指标体系的重要意义

2.1.1 指标体系的概念

指标体系是进行预测或评价研究的前提和基础，它是将抽象的研究对象按照其本质属性和特征的某一方面的标识分解成为具有行为化、可操作化的结构，并对指标体系中每一构成元素（即指标）赋予相应权重的过程。

指标体系在社会经济学、生态学等各学科的研究中经常被采用，有如下特点：

第一，目的性。任何指标体系都是为实现一定的目的而加以设计的。指标体系的设计应服从于这种目的，并为这种目的服务。在设计指标体系时，必须明确指标体系的设计目的，否则就难以设计出指标体系。

第二，理论性。指标体系的设计是建立在一定的理论和指导思想基础之上的。指标体系的理论和指导思想对指标体系的建立起着至关重要的作用。用于建立指标体系的理论及其指导思想决定指标的选取及指标体系的有机构成。所以，在不同的理论指导下，所设计的指标体系是不同的。

第三，科学性。指标体系必须能够真实地反映客观实际情况，符合已被实践证明了的科学理论。在设计指标体系时，必须从实际情况出发，所设计的指标应能够真实地反映客观实际情况，同时所设计的指标应符合科学理论。

第四，系统性。指标体系是由反映社会经济现象的不同指标构成的有机整体。这个有机整体应具有鲜明的层次性和紧密的内在联系。构造指标体系的过程实质上就是将总目标进行层层分解的过程，即将总目标按层次分解，分解过程从粗到细、从宏观和微观、从一般到具体。指标体系同一层次内不同指标之间的关系是一种并列关系；下一层次指标与其相邻的上一层次指标之间存在着直接隶属关系。下一层次的指标实质上是对上一层次指标的进一步说明与解释。

2.1.2 绿色生态指标体系的重要意义

绿色生态指标体系通过对绿色生态城市内涵的解析，从不同层次规划、阐述和监管所要实现的目标，为绿色生态城市提供一套可以考核和测评的目标体系、一个可以系统管理的绿色生态城市发展标准和要求。绿色生态指标体系的制定和实施，便于绿色生态城市进行历年数据的纵向比较，可以协助城市管理和决策部门评估目标的完成效果，做好部署调整，有效引导绿色生态城市具体的建设实践。

为了更好地实现指标体系的"纲领"和指导作用，绿色生态指标体系一般应注意以下问题：

1）需涵盖城市建设全过程

绿色生态城市的建设是长期工程，绿色生态指标体系应按照"全过程指引和实施"的要求，涵盖规划、建设、运营管理等多个阶段，实现绿色发展。

2）需涵盖城市建设主要领域

城市是一个庞大的有机体，其建设和发展涉及众多领域。绿色生态城市的建设需要统筹各方面的内容，实现绿色生态整体发展，才能实现其效果和价值。为突出绿色生态城市的环境效益和社会效益，提升绿色生态整体建设水平，研究内容应涵盖生态环境、资源能源、建筑、交通、市政、产业、人文等城市建设和发展的主要领域。

3）需区分不同空间尺度上绿色生态的建设要求

绿色生态城市的建设内容，在不同空间尺度上的实施要求不尽相同，比如绿色交通的实施，需要在城市层面进行统筹安排，尤其是公共交通、轨道交通等内容在一个地块层面无法进行系统考虑。再比如绿色建筑作为主要内容，必须将其落实到每个地块，进行精细化的管理和要求，才能保证实施效果。为此，应从指标落实的空间尺度入手，分析各层级指标实施的可行性，制定出适应落实要求的分层次的指标内容。

4）需做好绿色生态指标与城市规划体系的衔接

绿色生态的工作不是孤立存在的，而是与城市总体规划和各个层面的规划息息相关的，绿色生态城市建设工作必须与城市规划体系做好衔接，将城市规划，尤其是具有法律效力的城市规划，作为绿色生态理念落实的载体，使先进理念真正融入城市建设和管理的各个领域，保证实施效果。

2.2 典型绿色生态指标体系借鉴

2.2.1 国际绿色生态城市相关评价指标

由于绿色生态城市尚无明确的定义，因此指标体系研究时，将研究范围扩展到与绿色、生态、低碳、可持续相关的综合领域。

经调研，许多国际机构（如联合国可持续发展委员会、世界银行、亚太经社理事会等）、非政府组织（如环境问题科学委员会、世界自然资源保护同盟等）以及一些国家（如英国、荷兰、北欧各国及加拿大等）都开展了可持续指标体系的研究。国外大部分绿色生态城区在建设时都考虑到以下全部或部分因素：土地节约使用、环境保护、可持续交通、社区发展、就业机会、设计品质、生活质量。除了节地、环保、交通这些国内常见的绿色生态城区要求外，后面四项均属于社会发展范畴，体现欧美发达国家特别强调以人为本的要求。

国外指标体系多采用专题型的指标体系分类框架，一般有三个层级。第一层为按照城市发展层，分成若干大类；第二层为专题层，在大类内部分为若干专题；第三层为指标层，在专题中选取指标来反映该专题的状态。联合国人居议程指标、全球城市指标数据库以及联合国可持续发展指标体系都采用了此类型指标分类框架。国外指标体系也有采用两层框架的指标体系，如亚洲绿色城市指数体系即按照两个层级指标体系设置，直接分为专题、指标两个层次。美国 LEED-ND 社区体系通过环境友好、资源节约、社会和谐三个方面对绿色社区进行了要求。日本的 CASBEE for Urban Development 体系从环境友好和资源节约两个方面进行要求。根据调查分析，目前国外的指标体系框架、与指标体系有关的标准、相关生态城区指标体系详见表 2-1、表 2-2。

国外相关指标体系分类框架设置   表 2-1

体系名称	建设框架	标准的对象
联合国人居议程指标	三个层级 六大部分：住房、社会发展和消除贫困现象、环境管理、经济发展、城市管理、国际合作	主要适用于城市级别
全球城市指标数据库	三个层级 两大主题：城市服务和生活质量	侧重总人口在 10 万以上的城市 针对首批最直接相关的市一级政府（通常为城市政府）提出
联合国可持续发展指标体系	四个层级 四个维度：经济、社会、环境、制度	主要适用于国家尺度的决策
亚洲绿色城市指数	二个层级 八个方面：能源供应和二氧化碳排放、建筑和土地使用、交通、垃圾、水资源、卫生、空气质量和环境治理	主要针对主要亚洲国家的首都或主要的商业中心

与绿色生态城市建设相关的标准指标体系   表 2-2

体系名称	建设框架	标准的对象
美国 LEED-ND 体系	三大部分：SSL 精明选址及连通性、NPD 邻里模式和设计、GIB 绿色基础设施	指导社区定位和设计标准
日本的 CASBEE for Urban Development 体系	环境评价分为三部分：自然环境评价（自然环境—微气候和生态系统）、区域内服务功能、对社区的贡献（历史、文化、风景等） 负荷评价也分为三部分：环境对于微气候、建筑外观和景观的影响、基础设施和环境管理	对认证对象并无明确的推荐值和要求，但评价过程按照容积率进行中心区和普通区的分类

2.2.2 国内绿色生态城区评价指标

1）中国低碳生态城市指标体系

2012 年出版的《兼顾理想与现实：中国低碳生态城市指标体系构建与实践示范初探》[5]，对中国低碳生态城市指标体系的构建做了阐述。中国低碳生态城市指标体系可作为全国普适性的低碳生态城市发展目标，为城市管理和决策部门明晰低碳生态城市建设的发展方向和目标。该指标体系涵盖资源节约、环境友好、经济持续及社会和谐四大目标，共 30 项指标，其中资源节约指标 7 项、环境友好指标 9 项、经济持续指标 4 项、社会和谐指标 10 项。生态城市指标包括核心指标、扩展指标及引领指标。核心指标是生态城市的门槛条件指标和基础性指标，具有约束性。扩展指标是在核心指标的基础上，全面深入反映生态城市综合特征的指标，具有一定的预期性。引领指标是引领全球发展趋势，符合国家中长期发展战略的指标，具有前瞻性、战略性和引领示范作用。

作为一种国家层面的引导型指标体系，中国低碳生态城市指标体系通过多类型、多层次的指标设置，使得资源、环境、经济、社会各方面均衡发展，引领城市朝着正确的生态化方向前进，引导各地低碳生态城市建设，中国低碳生态城市指标体系详见表 2-3。

中国低碳生态城市指标体系　　　　　　　　　　表 2-3

目标	指标	2015 年指标	2020 年指标
资源节约	再生水利用率	严重缺水地区 ≥ 25% 缺水地区 ≥ 15%	严重缺水地区 ≥ 30% 缺水地区 ≥ 20%
	工业用水重复利用率	≥ 90%	≥ 95%
	非化石能源占比	≥ 15%	≥ 20%
	单位 GDP 碳排放量	2.13t/ 万元	1.67t/ 万元
	单位 GDP 能耗	≤ 0.87tce/ 万元	≤ 0.77tce/ 万元
	人均建设用地面积	≤ 85m²/ 人	≤ 80m²/ 人
	绿色建筑比例	既有建筑 ≥ 15% 新建建筑 100%	既有建筑 ≥ 20% 新建建筑 100%

续表

目标	指标	2015 年指标	2020 年指标
环境友好	空气优良天数	≥ 310d/a	≥ 320d/a
	PM$_{2.5}$ 日均浓度达标天数	≥ 292d/a	≥ 310d/a
	集中式饮用水水源地水质达标率	100%	100%
	城市水环境功能区水质达标率	100%	100%
	生活垃圾资源化利用率	无害化处理率 100% 资源化利用率 ≥ 50%	无害化处理率 100% 资源化利用率 ≥ 80%
	工业固体废弃物综合利用率	90%	95%
	环境噪声达标区覆盖率	≥ 95%	100%
	公园绿地 500m 服务半径覆盖率	≥ 80%	≥ 90%
	生物多样性	综合物种指数 ≥ 0.5 本地植物指数 ≥ 0.7	综合物种指数 ≥ 0.7 本地植物指数 ≥ 0.85
经济持续	第三产业增加值占 GDP 比重	≥ 47%	≥ 51%
	城镇失业率	4.2%	3.2%
	R&D 经费支出占 GDP 的百分比	≥ 2.2%	≥ 2.6%
	恩格尔系数	≤ 33%	≤ 30%
社会和谐	保障性住房覆盖率	≥ 20%	≥ 30%
	住房价格收入比	≤ 10	≤ 6
	基尼系数	0.33 ≤ G ≤ 0.4	0.33 ≤ G ≤ 0.4
	城乡居民收入比	2.54	2.41
	绿色出行交通分担率	65%	80%
	社会保障覆盖率	90%	100%
	人均社会公共服务设施用地面积	5.5m^2/ 人	6.0m^2/ 人
	平均通勤时间	≤ 35min	≤ 30min
	城市防灾水平	城市建设满足设防等级要求 城市生命线系统完好率 100% 人均固定避难场所面积 ≥ 3m^2	
	社会治安满意度	≥ 85%	≥ 90%

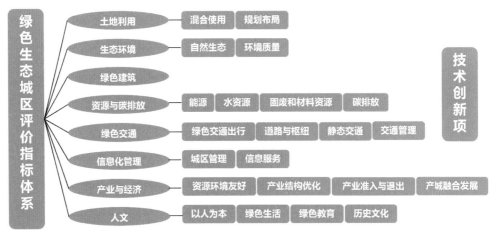

图 2-1 《绿色生态城区评价标准》GB/T 51255—2017 评价指标体系
（详细指标可见《绿色生态城区评价标准》GB/T 51255—2017）

2）《绿色生态城区评价标准》指标体系

2017 年 7 月，我国发布了《绿色生态城区评价标准》GB/T 51255-2017[2]，从土地利用、生态环境、绿色建筑、资源与碳排放、绿色交通、信息化管理、产业与经济、人文等八个方面明确了生态城区建设内容（图2-1）。

综上所述，通过对国内外绿色生态城市相关指标体系的调研和分析，大部分指标可以归纳为资源节约、环境友好、经济持续、社会和谐四大类：资源节约大类一般包括土地资源、能源、水资源、材料资源和绿色建筑五个专题；环境友好大类主要包括生态环境、水环境、大气环境、城市物理和声环境、固体废物、交通系统和温室气体七个专题；经济持续大类主要包括产业结构、收入与就业水平两个专题；社会和谐大类主要包括住房保障、卫生健康和安全、公共设施、科技教育、社会公平和政府管理六个专题。

2.3 明珠湾起步区绿色生态指标体系构建

研究制定一套适合明珠湾起步区的规划和建设指标体系，可以有效地将绿色生态理念及技术与明珠湾特色相结合，融入城市规划设计、建设实施、运营管理各个方面，从而保障明珠湾起步区低碳目标的落实。另外，还可以将体系推广复制到南沙新区其他区块，有效落实国家的节能和降碳目标，提升南沙新区城市环境质量，创造绿色生态品牌。

2.3.1 明珠湾起步区绿色生态指标体系构建原则

通过参考国内外绿色生态城区相关指标体系案例，基于国家和广东省、广州市相关绿色城市政策，结合起步区区域特色、城市定位，建立明珠湾起步区绿色生态指标体系，指导明珠湾起步区按照"绿色生态、低碳节能、智慧城市、岭南特色"的理念推进城市建设。

绿色生态体系涵盖多个领域，明珠湾起步区绿色生态指标的选择和设置紧抓其发展过程的主要方面，突出反映城市生态本质特征，尽可能用少而精确的指标把起步区绿色生态主要工作和发展方向表达出来。在指标选取的原则方面，要考虑理论上的完备性、科学性和正确性，即指标概念必须明确，且具有一定的科学内涵。绿色生态指标体系并不是一成不变的，根据国家政策和城市发展的趋势，会有一定的优化和调整，起步区指标体系建设过程中充分考虑指标的动态性原则，保障指标的实际可操作性和实用性。

1）科学完整性原则

构建明珠湾起步区建设指标体系是一个复杂的系统工程，既要有反映明珠湾起步区社会、经济、自然环境等各子系统发展主要特征和状态的指标，又要有反映以上各子系统相互协调的动态变化和发展趋势的指标，并使建设目标与指标有机联系起来，对于权重系数的确定、数据的选取、计算与分析等要以人工的科学方法为依托，力求避免不成熟研究基础上的主观臆造。

2）简明性原则

明珠湾起步区涉及面比较广，在指标确定时，按照重要性和对系统贡献率的大小，筛选出数目足够少却能表征该系统本质行为的最主要指标，从而提高指标的简明性。

3）层次性原则

建设绿色生态型城市作为一个复杂的系统工程，在指标选择上也要具有层次性，即高层次的指标是低层次指标的综合，低层次指标是高层次指标的分解，也是高层次指标建立的基础。

4）动态性原则

明珠湾起步区的建设既是一个目标，又是一个过程，所以衡量明珠湾起步区发展水平的指标体系应具备动态性，体现出指标的发展趋势。通过指标体系的监测、预警和评估功能，对绿色生态建设进行调控和完善，实现持续化建设。

5）可操作性原则

明珠湾起步区绿色生态指标体系最终供政府决策者使用，为政策制定和科学管理服务，指标的选取要尽可能利用现有统计资料，指标要具有可测性和可比性，易于量化。

6）独立性原则

设计的指标体系必须尽可能相互独立，避免重复和罗列，以提升绿色生态建设评价的准确性。

2.3.2 指标体系制定目标

1）总体目标

紧密结合国家战略，贯彻南沙新区"十四五"规划要求，建设国际科技创新枢纽主要承载区，打造珠三角国家自主创新示范区核心功能区，建设粤港澳大湾区优质生活圈，打造港澳大湾区绿色、宜居、宜业、宜游的世界级城市群，加强对起步区绿色生态城区的规范和指引，落实绿色、低碳、生态理念，推动南沙新区建设发展方式的转变。

2）具体目标

（1）打造优美生态环境，构建蓝绿交织、水城共融生态城区

突出生态文明和人文关怀，突出起步区对人、社会、自然的服务价值，从环境、生活、服务的情感等多方面、多维度构建宜居的空间和环境。

（2）构建快捷高效交通，打造绿色交通体系，推动绿色出行

提倡减少个体机动交通的使用，鼓励步行、自行车与公共交通，建立以公共交通、慢行交通为主体的起步区综合交通系统，实现长距离、高强度的出行需求由公共交通承担，短距离、衔接性出行需求由自行车和步行的慢行方式解决。

（3）集合粤港澳合作服务功能，提供优质公共服务，创新城市管理

以优质公共服务吸引区域人口。保障公共设施高标准发展建设，争创国际服务高端标准，构建起步区宜居、宜业和谐城市基础设施建设；鼓励高端商业、商务设施在起步区发展，构建商业、商贸、金融等高端生产性服务业的发展平台，引导区域产业高端化转型发展。

（4）融合科技发展理念，建设绿色智慧城区

以科技创新为原动力，建设具有可持续发展能力的智慧起步区。

（5）发展高端高新产业，积极吸纳创新要素，打造创新城区

以开放的结构框架、多元的空间环境，包容各类绿色产业、绿色空间的发展，构建多元、弹性、可持续增长、承载能力强的起步区产业发展环境。积极创建融合生态产业链设计、资源循环利用于一体的低碳循环经济，合理引导产业空间布局，推进物质和能源流动转换，拓展循环经济的发展空间。

2.3.3 指标体系构建

在广泛调研、充分沟通、专家论证的基础上，结合明珠湾起步区定位和发展目标，明珠湾起步区确定了低碳节能、绿色生态、智慧城市、岭南特色四大类 23 项指标[6]（图 2-2），详细指标如表 2-4 所示。

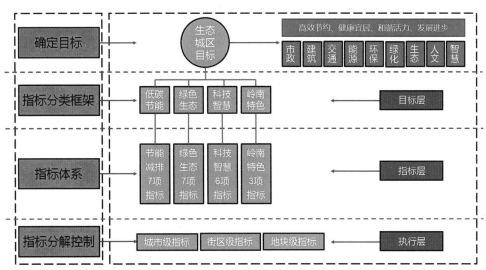

图 2-2 起步区指标体系构建思路与框架

明珠湾起步区绿色生态指标体系表　　表 2-4

总体目标	编号	控制指标	指标说明	指标单位	指标值	衔接规划
低碳节能	1	单位 GDP 碳排放强度	整个起步区生产百万美元 GDP 排放的碳量	t/百万美元	≤ 90	城市总体规划
	2	绿色建筑比例	起步区内达到绿色建筑评价标准要求的项目建筑面积占起步区新建建筑总面积的比例	%	二星级及以上绿色建筑比例 ≥ 50 一星级绿色建筑比例 100%	绿色建筑专项规划
	3	装配式建筑比例	起步区新建建筑中符合国家《装配式建筑评价标准（征求意见稿）》要求的装配式建筑面积占新建建筑总面积的比例	%	≥ 60	装配式建筑和建筑产业现代化发展规划
	4	可再生能源利用率	起步区可再生能源应用量占建筑总能耗的比例	%	≥ 8	能源专项规划
	5	人均公园绿地面积	起步区每个居民平均占有公园绿地的面积	m²/人	≥ 10	绿地专项规划
	6	混合开发社区比例	混合开发社区用地面积占总居住区用地面积的比例	%	≥ 80	城市总体规划
	7	绿色出行比例	统计期内起步区依靠绿色出行方式出行量占起步区总出行量的比例	%	≥ 90	交通专项规划

续表

总体目标	编号	控制指标	指标说明	指标单位	指标值	衔接规划
绿色生态	8	人均碳足迹	起步区内人均生产、生活二氧化碳排放量	t/人	≤ 12.48	总体规划
	9	空气环境质量指数（AQI）达标天数	起步区内空气环境质量达到或优于国家《环境空气质量标准》GB 3095—1996二级标准要求的天数	d	≥ 330	总体规划
	10	地下空间利用率	起步区开发利用地下空间面积占起步区建设用地面积的比值	%	≥ 20	总体规划
	11	非传统水源利用率	起步区采用中水、雨水等非传统水源代替市政自来水或地下水供给景观、绿化、冲厕等杂用的水量占总用水量的比例	%	≥ 10	水资源专项规划
	12	年径流总量控制率	通过自然和人工强化的渗透、集蓄、利用、蒸发、蒸腾等方式，场地内累计全年得到控制的雨量占全年总降雨量的比例	%	灵山岛尖≥ 70 横沥岛尖≥ 70 蕉门河口片区≥ 70 慧谷西区≥ 70	海绵城市专项规划
	13	垃圾资源化利用率	一定时期内起步区垃圾资源化利用量与生活垃圾产生量之比	%	≥ 50	垃圾资源化利用专项规划
	14	地表水环境质量达到水质标准要求比例	起步区内地表水环境质量达到《地表水环境质量标准》GB 3838—2002 IV和III类水质标准要求的比例	%	达到IV类水质标准比例为100% 达到III类水质标准比例≥ 70	总体规划
智慧城市	15	智慧基础设施完成进度	明珠湾起步区智慧基础设施包括：1. 宽带网络覆盖水平达到95%以上；2. 宽带网络接入，户均网络接入不低于50M，平均无线网络接入宽带不低于5M；3. 基础设施投资水平，基础设施投资占社会固定资产总投资比重不低于5% 智慧基础设施完成进度指标指完成基础设施要求的1和2项，基础设施覆盖达到60%；完成1、2和3项，基础设施覆盖率达到100%	%	100	智慧城市专项规划

续表

总体目标	编号	控制指标	指标说明	指标单位	指标值	衔接规划
智慧城市	16	智慧政务工程完成进度	智慧政务包括行政审批网上办理、政府公务电子监察、政府非涉密公文网上流转、企业和政府网络互动、市民与政府网络互动；智慧政务工程完成进度指标指完成要求中的三项达到60%指标要求，完成其中四项达到80%；完成其中五项达到100%	%	≥80	智慧城市专项规划
	17	物联网覆盖率	起步区物联网覆盖面积占起步区建设用地总面积比例	%	≥50	智慧城市专项规划
	18	综合信息服务平台覆盖率	公共服务综合信息平台是依托信息化手段和标准化建设整合公共服务信息资源。起步区综合信息服务平台覆盖面积占起步区建设用地总面积比例	%	100	智慧城市专项规划
	19	市政管网"三维"监管比例	起步区内基于GIS等技术实现供水管网、雨水管网、污水管网、雨污水泵站、污水处理厂等"三维"可视化监管，实现其中三项可达到市政管网"三维"监管比例50%，五项全部实现市政管网"三维"监管比例可达到100%	%	100	智慧城市专项规划
	20	公共建筑能耗监管系统覆盖率	纳入能耗实测监控系统的大型公共建筑面积和公共区域能耗占大型公共建筑总面积的比例	%	100	智慧城市专项规划
岭南特色	21	岭南特色滨水岸线比例	起步区内岭南特色滨水岸线长度，占起步区总岸线长度比例	%	≥70	城市水系专项规划
	22	岭南湿地净损失率	起步区建成后湿地面积比起步区控制性详细规划划定湿地面积减少量占控制性详细规划划定湿地面积的比例	%	0	水系专项规划
	23	岭南本地植被比例	起步区绿化植被选用岭南本地植被物种占起步区绿化植被总物种的比例	%	≥90	绿化专项规划

2.4 绿色生态指标体系应用

绿色生态城区指标体系从不同层次跟踪和监控所要实现的目标，是指导生态城区规划、建设、运营的重要"工具"[7]。为充分发挥绿色生态指标体系的作用，使指标体系能够切实指导明珠湾起步区绿色生态建设和发展，并通过指标体系将绿色生态理念融入城市建设的全领域，明珠湾起步区结合自身建设进度和建设条件，对指标体系的应用范围、管控要素、应用流程等内容进行研究。

2.4.1 绿色生态指标体系应用的空间范围

绿色生态指标的落实，经常会受到空间尺度的限制。有些指标需要在城市或城区层面进行落实和管理，比如绿色交通类的指标"绿色出行比例"，该指标是指统计期内起步区依靠绿色出行方式出行量占起步区总出行量的比例，主要是统计采用绿色出行方式出行的人口的比例。这个指标如果在某个居住小区层面进行统计，靠近公交站点的小区和远离公交站点的小区，采用公共出行方式的人口数量差距会很大，因此该指标只有在城市或城区层面进行整体分析才能体现意义。同样，还有一些指标必须到建筑层面进行落实，如"绿色建筑比例""装配式建筑比例"等指标，需要对区域内各个建筑的情况进行计算分析，才能得到整个城区的指标情况。因此，研究指标的落实和管控，需要研究指标在空间层面的应用范围。

明珠湾起步区在绿色生态指标体系研究时，确定了指标"分级、分类"进行落实和管控的基本思路，结合起步区的建设时序和建设管理方式，将指标划分为"城区""街区""建筑"三个层级，从空间上划分不同指标的应用范围[6]。

城区：指整个明珠湾起步区，涵盖起步区中各类用地、水系、道路等空间要素。城区级指标多是宏观层面的指标。

街区：是被道路所包围的区域，是城市结构的基本组成单位。街区包括若干建设地块，其功能性质并不单一，可能由不同用地性质的地块所组成。街区中涵盖的绿地等要素也是绿色指标落实的重要载体。街区级指标对应中观尺度的绿色生态指标。

地块：城区建设的最小组成单位，按照控制性详细规划划定的具体建设用地。地块级指标对应微观尺度，大部分地块级指标将依托建筑工程进行落实。

2.4.2 绿色生态指标体系应用的时间范围

绿色生态城区的建设和发展考虑全生命周期，包括规划阶段、设计阶段、施工建造阶段、竣工验收阶段、运行管理和评估反馈阶段，各阶段管控重点详见表 2-5。

规划阶段：在绿色生态城区规划之初，就应该充分分析本地绿色生态的优势条件、区域特色和绿色生态发展愿景，只有从规划之初就充分融合绿色生态理念，才能避免在后续建设过程中不必要的调整和更改，避免出现绿色生态措施"打补丁"式的落实，减少人力物力的投入。

设计阶段：设计阶段是将规划蓝图落到实处的第一步。结合明珠湾起步区的指标体系要求，在城市设计中重点考虑绿色生态城区对城市风貌、生态岸线等指标的要求，融合岭南特色等设计要素，将要求融合到城市设计导则中。明珠湾起步区先期建设的灵山岛尖、横沥岛尖，已经将绿色生态指标纳入土地出让条件，在建筑方案设计和施工图设计中，严格按照土地出让条件的要求，选择适宜技术体系，落实绿色生态要求。

施工建造阶段：施工建造阶段指标落实，主要体现在绿色建筑的建设实施上。明珠湾起步区全面落实绿色施工要求，结合本地建设条件，依托建筑信息工程信息化管理技术和手段，打造绿色施工管理平台，重点对施工过程中节能、节水、节地、节材等信息进行管理，通过施工过程将绿色生态理念从"图纸"转化成"实体"（图 2-3）。

竣工验收阶段：以绿色生态指标体系为依据，对实际建设情况进行绿色生态专项验收，重点对地下空间利用率、非传统水源利用率、可再生能源利用率、年径流量控制措施以及其他需要落实到工程中的绿色生态技术

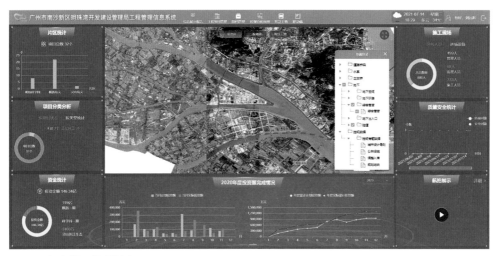

图 2-3　绿色施工管理平台
图片来源：明珠湾管理局工程管理信息系统

进行专项验收。通过验收保证技术措施落实到位，确保绿色生态理念可以发挥实际效果。

运行管理和评估反馈阶段：在运行管理阶段，以绿色生态指标为依据，优化运行管理机制，通过对绿色生态实施效果进行跟踪、评估，及时发现指标落实过程中存在的问题，定期进行指标的修正和调整，使指标始终保持先进性和可操作性。定期向社会公布绿色生态指标落实情况，发挥公众监督作用，形成全民参与的绿色生态发展态势。

表 2-5

各阶段绿色生态指标体系管控重点

总体目标	编号	控制指标	指标说明	指标层级	规划阶段	设计阶段	施工建造阶段	竣工验收阶段	运行管理和评估反馈阶段
低碳节能	1	单位GDP碳排放强度	整个起步区生产百万美元GDP排放的碳量	城区级	完善产业规划，布局低碳产业；确定各领域节能目标	落实节能设计	落实绿色施工，控制施工阶段碳排放量	进行节能专项验收	加强企业管理；推进绿色运维；落实能耗和碳排放监管
	2	绿色建筑比例	起步区内达到绿色建筑评价标准要求的项目建筑面积占起步区新建建筑总面积的比例	地块级	编制绿色建筑专项规划；确定星级布局，并纳入土地出让条件	落实绿色建筑设计要求；加强绿色建筑方案审查；落实绿色建筑施工图审查	落实绿色施工，建设信息纳入绿色施工信息管理平台；施工现场抽查	进行绿色建筑专项验收	落实绿色运维；建筑运维情况纳入绿色建筑信息化管理平台
	3	装配式建筑比例	起步区新建建筑中符合国家《装配式建筑评价标准（征求意见稿）》要求的装配式建筑面积占新建建筑总面积的比例	地块级	确定装配式建筑比例要求，并纳入土地出让条件	落实装配式建筑比例要求，加强建筑方案审查，落实施工图审查	加强装配式建筑施工工艺水平及管理；建设信息纳入绿色施工信息管理平台；施工现场抽查	进行装配式建筑专项验收	对装配建筑实施效果、经济效益等内容进行跟踪、评估
	4	可再生能源利用率	起步区可再生能源应用量占建筑总能耗的比例	城区级	编制可再生能源规划，统筹能源利用方式，优化能源结构	细化可再生能源应用措施，编制专项设计方案及施工图	选择适宜设备设施，提升专项施工工艺水平	验收前进行可再生能源系统调适，随绿色建筑验收	对可再生能源实施效果、经济效益等内容进行跟踪、评估；考核实际利用率
	5	人均公园绿地面积	起步区每个居民平均占有公园绿地的面积	街区级	落实到总体规划及控规中，编制绿化系统专项规划；完善公园绿地配套设施	核实设计指标，鼓励多样化的绿化设计；优选本地植物物种	落实设计要求，落实绿色施工要求	核实实际面积，保证指标达标	加强绿化养护，提升植物成活率；完善公园管理，发挥服务作用
	6	混合开发社区比例	混合开发社区用地面积占总居住区用地面积的比例	街区级	落实到总体规划和控制性详细规划中	结合用地性质，优化方案布局	—	—	加强社区管理，激发社区活力
	7	绿色出行比例	统计期内起步区依靠绿色出行方式出行量占起步区总出行量的比例	城区级	合理优化路网，提升慢行路网密度；优化公交线路及站点；编制绿色交通专项规划	落实规划要求，提升慢行道路设计品质，完善无障碍设计等配套设计	—	—	完善绿色出行引导，管理和激励制度；统计绿色出行比例
绿色生态	8	人均碳足迹	起步区内人均生产、生活二氧化碳排放量	城区级	制定碳足迹目标，完善绿色生态基础设施	—	—	—	引导低碳生活，绿色消费
	9	空气环境质量指数（AQI）达标天数	起步区内空气环境质量达到或优于国家《环境空气质量标准》GB 3095—1996二级标准要求的天数	城区级	完善产业规划，布局低碳产业；完善环境保护与治理相关规划	—	落实绿色施工，严控施工过程中空气污染	—	完善环境质量发布机制，加强监测；完善环境污染应急处理机制
	10	地下空间利用率	起步区开发利用地下空间面积占起步区建设用地面积的比值	地块级	编制地下空间发展规划，地下与地上空间同步规划；合理发展地下轨道交通、综合管廊	按规划和相关标准合理设计地下空间	提升地下空间施工效率和水平	进行专项验收	积极引进地下空间利用新技术；加强地下空间利用管理
	11	非传统水源利用率	起步区采用中水、雨水等非传统水源代替市政自来水或地下水供给景观、绿化、冲厕等杂用的水量占总用水量的比例	地块级	合理规划市政中水厂，实现非传统水源全覆盖	设计方案积极利用市政中水、雨水等非传统水源	严格按图施工，保证技术落实	进行专项验收	加强非传统水源水质的监测和管理，保障用水安全；统计非传统水源利用率；提升污水处理水平
	12	年径流总量控制率	通过自然和人工强化的渗透、集蓄、利用、蒸发、蒸腾等方式，场地内累计全年得到控制的雨量占全年总降雨量的比例	地块级	编制海绵城市专项规划；将年径流控制率指标纳入土地出让条件	落实径流控制率指标要求，合理采用海绵城市技术和措施；建立海绵城市专项设计审查机制	严格按图施工	进行专项验收	逐步推进海绵城市监测系统，定期评估海绵城市实施效果
	13	垃圾资源化利用率	一定时期内起步区垃圾资源化利用量与垃圾产生量之比	城区级	编制固体废弃物资源化利用专项规划或实施方案；合理规划固废回收设施	设计中优选可再循环材料、可再利用材料、以废弃物为原料的材料	落实绿色施工要求，减少建筑垃圾的产生量，加强施工现场的废弃物回用	—	落实垃圾分类收集要求，完善社区生活垃圾管理
	14	地表水环境质量达到水质标准要求比例	起步区内地表水环境质量达到《地表水环境质量标准》GB 3838—2002 IV和III类水质标准要求的比例	城区级	编制海绵城市专项规划	—	落实绿色施工要求，避免施工污染水系	—	建立水质监测系统，发布水质达标情况；加强对企业、工地等重点单位的排污管理

总体目标	编号	控制指标	指标说明	指标层级	规划阶段	设计阶段	施工建造阶段	竣工验收阶段	运行管理和评估反馈阶段
智慧城市	15	智慧基础设施完成进度	明珠湾起步区智慧基础设施包括：1. 宽带网络覆盖水平达到95%以上；2. 宽带网络接入，户均网络接入不低于50M，平均无线网络接入宽带不低于5M；3. 基础设施投资水平，基础设施投资占社会固定资产总投资比重不低于5%。智慧基础设施完成进度指标指完成基础设施要求的1和2项，基础设施覆盖达到60%；完成1、2和3项，基础设施覆盖率达到100%	城区级	编制智慧城市专项规划，明确智慧基础设施的建设目标、要求和计划	—	—	进行专项验收	制定智慧基础设施建设进度计划，定期进行督促进度
	16	智慧政务工程完成进度	智慧政务包括行政审批网上办理、政府公务电子监察、政府非涉密公文网上流转、企业和政府网络互动、市民与政府网络互动；智慧政务工程完成进度指标指完成要求中的三项达到60%指标要求，完成其中四项达到80%；完成其中五项达到100%	城区级	编制智慧城市专项规划，明确智慧政务工程的建设目标、要求和计划	—	—	—	制定智慧政务工程建设进度计划，定期进行督促进度；加强智慧政务系统应用的宣传、引导和推广
	17	物联网覆盖率	起步区物联网覆盖面积占起步区建设用地总面积比例	城区级	纳入智慧城市专项规划或编制物联网专项的实施方案	—			确定重点应用领域，在适宜的园区率先开展示范；制定物联网工程建设进度计划，定期督促进度
	18	综合信息服务平台覆盖率	公共服务综合信息平台是依托信息化手段和标准化建设整合公共服务信息资源。起步区综合信息服务平台覆盖面积占起步区建设用地总面积比例	街区级	编制智慧城市专项规划，明确综合信息服务平台工程的建设目标、要求和计划	—			制定综合信息服务平台工程建设进度计划，定期督促进度
	19	市政管网"三维"监管比例	起步区内基于GIS等技术实现供水管网、雨水管网、污水管网、雨污水泵站、污水处理厂等"三维"可视化监管，实现其中三项可达到市政管网"三维"监管比例50%，五项全部实现市政管网"三维"监管比例可达到100%	城区级	纳入智慧城市专项规划或工程信息管理平台	借助GIS、BIM等技术进行设计	借助BIM等技术辅助施工	借助BIM等技术辅助验收	完善市政管网的管理，建立数据库及管理平台
	20	公共建筑能耗监管系统覆盖率	纳入能耗实测监控系统的大型公共建筑面积和公共区域能耗占大型公共建筑总面积的比例	地块级	编制公共建筑能耗监管系统专项实施方案	公共建筑实现能耗分项计量和上传系统，接入区域平台或预留接口		进行专项验收	加强能耗监管，统计分析能耗"大户"，挖掘节能潜力，制定节能措施，定期公示能耗水平
岭南特色	21	岭南特色滨水岸线比例	起步区内岭南特色滨水岸线长度，占起步区总岸线长度比例	城区级	规划生态岸线位置及长度，设计要求纳入城市设计导则	按照绿色生态要求进行设计，丰富生态岸线形式			依托生态岸线，设置公共开放空间，为市民休闲提供场所；加强岸线维护管理，保障效果
	22	岭南湿地净损失率	起步区建成后湿地面积比起步区控制性详细规划划定湿地面积减少量占控制性详细规划划定湿地面积的比例	城区级	湿地保护要求纳入总规、控规；建设用地禁止侵占蓝线	—		—	严格监控蓝线；定期监测并公布湿地水质、生物多样性等关键指标；保护与开发相结合，打造区域特色
	23	岭南本地植被比例	起步区绿化植被选用岭南本地植被物种占起步区绿化植被总物种的比例	地块级	纳入景观、绿化等专项规划	景观设计选用本地植物，丰富景观设计形式		—	做好植物养护，提高成活率，不断培育、丰富本地植物物种库

第 3 章　高效紧凑的空间布局

3.1 城市规划布局对绿色生态发展的影响

城市规划布局对绿色生态发展有较大的影响，如城市道路交通规划合理，将有效缓解交通拥堵问题；城市规划通风廊道，对大气污染有较好的缓解作用等。为此需要合理规划城市总体布局，优化区域空间发展模式，实现空间协调，为绿色生态发展打好"骨架"和基础。

3.1.1 用地布局的影响

用地布局对绿色生态发展的影响体现在几个方面：

一是土地功能混合开发有利于实现城市功能聚集、激发城市活力，缩短出行距离，减少交通和配套设施的开发成本，相同条件下能够更加充分利用土地资源；同时可以增加城区居民生活的便捷性。一般建议城区以 1000m×100m 网格单元进行划分，每个单元网格内包含居住用地（R 类）、公共管理与公共服务设施用地（A 类）、商业服务业用地（B 类）中任意两类用地的网格单元的面积之和占城区建设用地面积的比例不低于 50%，实现城区层面复合型混合开发。

二是开发利用地下空间是城市节约集约用地的重要措施之一。地下空间的开发利用应与地上建筑及地下停车场库、地下商业餐饮其他相关城市功能紧密结合、统一规划。

三是公共服务设施及开放空间的合理布置有利于打造宜居城市。公共服务设施是营造便捷生活服务环境而设立的配套设施，土地功能规划时，应考虑保障公共服务设施的便捷性。公共开放空间的合理布局可以显著提升城区层面的幸福感，有利于营造和谐的城市氛围，是满足"人们对美好生活向往"的重要措施之一（图 3-1）。

图 3-1 丰富多彩的城市开放空间
图片来源：明珠湾起步区横沥站、横沥东站、灵山站 TOD 研究

3.1.2 道路交通规划的影响

道路规划对绿色生态发展的影响有以下几个方面：

一是路网密度直接影响出行的便捷程度，进而影响绿色交通的发展。路网密度等于某一计算区域内所有道路的总长度与区域面积之比，单位以 km/km^2 表示。以城区市政路网内的道路线计算其长度，依道路网所服务的用地范围计算其面积。城区道路网内的道路包括主干路、次干路和支路。《中共中央　国务院关于进一步加强城市规划建设管理工作的若干意见》中提出，到 2020 年城市建成区平均路网密度提高到 $8km/km^2$。小街区、密路网的道路规划布局模式，使居民出行更加便利，有利于自行车等慢行交通，有利于绿色交通的发展。

二是公共交通线路和站点的规划和布置直接影响绿色出行比例。居住区出入口 500m 范围内合理布置公共交通站点，可以明显提升人们选择公交出行的意愿。城市在发展过程中科学提升公交线路的路网密度，优化公交站点的布置密度，将直接影响区域绿色出行的比例，营造公共交通为导向的出行模式。交通与土地的整合是发挥公共交通导向的用地布局模式综合效益的前提，在交通走廊周边，尤其车站核心区的土地规划应坚持"适当的建设密度""多样化的用地构成"以及"宜人的空间设计"原则。

3.1.3 景观绿化布局的影响

在推动新型城镇化发展，注重构建城市生产、生活、生态空间的工作中，保留生态用地和城市绿地，是保障城市健康可持续发展，以及营造宜居环境的根本。《国家新型城镇化规划》中对城市建成区绿地率的规定为 2012 年为 38.9%，2020 年为 38.9%。景观绿化的布局，除影响城市风貌外，还会影响公共开发空间的布置，进而影响居民日常休憩。另外，从绿色生态的要求上来看，景观绿化还有两个方面的重要影响：

一是绿化布置会影响城市微气候。绿地是城市生态系统重要的组成部分，为越来越多的城市居民提供安全保障。城市小气候环境对人们的生产、生活产生直接影响，而城市绿地所能提供的增湿降温、遮阴、调节风速和缓解城市热岛效应等效益也越来越受到关注和重视。城市绿地通过构筑微地形、栽植园林植物、景观小品构成优美的城市环境，为人们提供游憩空间。其中城市绿地的景观水体和植物群落等通过其中的物质循环和能量流动所产生的生态效益，对城市小气候有比较显著的影响。

二是景观廊道兼顾通风廊道作用，对区域空气质量产生影响。城市风道也叫城市通风廊道，是在城市局部区域留出将主导风引向主城区，增加城市空气流动性，改善城市空气质量的通风廊道。城市风道一般结合景观廊道进行设计，城市层面通常是沿主导风向设置几公里宽的绿廊，城区层面通风廊道的宽度一般要求大于 50m[8]。

3.1.4 建筑朝向及布局的影响

建筑朝向和布局会直接影响城区建筑能耗水平[9]。有利于节能的建筑朝向是指依据当地建筑全年太阳辐射热量，综合考虑冬季尽可能获取更多太阳辐射热量和夏季尽可能避免获取过多太阳辐射热量的能量总体得失，具有良好节能效果的朝向范围。建筑朝向符合当地有利于节能的朝向是实现建筑节能的最为简单及有效的方法，由建筑朝向所引起的建筑能耗最高可达 10%，因此有必要对建筑朝向进行约束。

城市规划布局对解决城市发展中存在的环境问题，促进城市实现绿色生态发展有着重要的影响，为此需要研究探索更符合绿色生态和可持续发展的城市规划发展模式。目前紧凑发展模式是一种被国内外普遍接受的符合绿色生态理念的城市发展模式。

3.2 城市紧凑发展的基本内涵

紧凑模式也称高效紧凑模式，是一种针对城市无序扩张提出的城市发展理论，发源于欧洲，类似的概念如发源于美国的新城市主义。紧凑城市强调土地混合利用和密集开发，主张居民集中居住，并围绕居住区建设基本的公共服务设施。紧凑城市包括以下三个理念：高密度开发，功能紧凑，公共交通为主导。

3.2.1 高密度开发

实现高密度的土地开发主要强调在保证资源环境承载力的前提下，提倡立体发展，这是紧凑发展、功能混合的前提和保障，因为一旦要在原先更宽广的土地范围内集约更多的城市功能，又要尽可能地使其发生在一个 400～800m 半径的街区内，就必然要求一定的高密度建设。

3.2.2 功能紧凑

功能紧凑强调的是多种功能集中在一个较近的街区，其目标是减少出行量，提高城市运行效率。居住、交通、工作、游憩四种基本公共服务处于同一个较近的街区，可以极大地减少人们的出行量，间接促进绿色生态目标的实现。

3.2.3 公共交通导向模式（TOD）

公共交通导向是一种发挥公共交通轴线作用来引导城市土地利用的规划理论。TOD 模式的实现，会缩短私家车的出行里程，有效促进绿色交通发展。

3.3 明珠湾起步区空间规划发展策略

按照《广州 2035 城市总体规划》[10]、《广州南沙新区城市总体规划（2012 ～ 2025）》[11] 总体布局要求，《明珠湾起步区整体城市设计及控规修编》[12] 明确了明珠湾起步区发展定位。同步开展多项规划专题研究，包括地下空间规划、城市风貌管控、交通规划、智慧城市等 16 个专项规划，各个专项规划结合明珠湾特色，充分融合绿色生态发展和高效紧凑规划理念，为明珠湾起步区绿色生态建设提供有力支撑。

3.3.1 提升土地开发效率

明珠湾起步区先行建设区灵山岛尖于 2017 年启动控规修改工作，在修编过程中重点关注集约高效土地开发、提升交通市政公共服务支撑、优化空间形态等内容。2018 年 8 月，修编工作形成稳定成果，实现滨水形态秩序与公共空间框架和谐、形成高识别性的滨水形象与特色、精细化的城市设计导控目标，并为起步区其他板块的开发建设提供指导[13]（图 3-2）。

明珠湾土地高效利用基本原则：

图 3-2　明珠湾起步区区块图
图片来源：广州南沙新区明珠湾开发建设管理局

1）以人为本，宜居优先

以先进的城市发展理念指导城市规划，突出以人为本的发展要求，展现精巧细致的岭南文化特色，形成资源节约、环境友好的生产生活方式，建设成世界一流、中国领先的岭南新城。

2）整体规划，分步实施

以战略思维、长远眼光谋划发展，高起点规划、高标准建设、高水平管理，合理把握开发建设时序，将高质量发展和提升城市品质贯穿规划始终，促使南沙明珠湾起步区成为南沙新区建设的样本和范例。

3）生态优先，合理利用

把握明珠湾起步区保护与利用、城市建设与生态建设的关系，坚持保护优先、生态优先、绿色发展，完善城乡发展格局和功能布局，提升经济社会发展和生态环境质量。

4）文化引领，统筹推进

弘扬岭南文化，注重文化传承，统筹河流上下游、左岸和右岸、水系与河涌、城区与城市的关系，因地制宜整合提升功能，协同各个板块特色发展。

3.3.2 塑造滨海空间风貌

1）突出滨海现代岭南建筑风貌特征

亚热带和沿海区域的岭南，夏天酷热而冬季温暖，夏季日照时间较长，太阳辐射强度大、气候炎热、空气潮湿，多发台风、洪水等自然灾害。自然生态环境造就了岭南建筑的内部地面高于外部地面，墙脚多由具备防水功能的材料如青砖、石块或其他材料建造，房屋布局密集，屋顶层采用砖石或其他材料压紧加固，防止台风的损害。岭南地区海上运输通达，国际商业贸易往来频繁，经济自古就比较发达，这些条件为西方建筑文化的引进打下了先决条件，广州、厦门等部分岭南地区的城市出现了岭南建筑与西方建筑相互杂糅的产物，即骑楼等。明珠湾起步区在城市设计中吸收岭南建筑的优势，结合起步区三面临水的特色，通过借鉴、吸收、优化、提升等思路，打造滨海地区现代化岭南建筑风貌，突出区域特色的同时，营造适宜本地气候条件的城市空间（图3-3）。

图 3-3 滨水岭南建筑效果图
图片来源：广州南沙明珠湾起步区横沥岛尖景观方案深化设计阶段汇报简本——内河涌滨水景观成果

2）契合场地高程，融合生态设计

河涌设计常水位 4.7～5.3m，跨河涌桥梁底标高 8.5～9.0m，河涌驳岸标高控制在 5.5～6.0m，保证桥梁底空间净高不小于 3m，驳岸净宽不小于 4.5m，保障沿河涌驳岸的步行连续性。通过标高衔接，鼓励人们进行亲水性活动，引导地块减少垂直驳岸、硬质驳岸的设置。采用生态设计理念，注重保护现有的沿海植被，利用现有河外滩地，不填高现状滩地高程，保留现有堤身，将滩地建设成滨海公园，提供亲子游园活动场所。

3）设置立体绿化，构建滨水绿带

对于土地集约利用的城市空间，立体绿化是建设生态城市的有效手段。依托城市建筑、城市家具等进行立体绿化景观设计能够创造更适合人们居住的生活环境，不仅能美化城市，还能有效减少工业污染、净化空气、降低噪声，进而改善当下的生态环境，为今后建设生态城市奠定基础。明珠湾起步区合理设计滨水绿地系统，并对滨水建筑进行多种形式的立体绿化，营造滨水空间与立体空间互相联系、互相支撑的综合绿化效果，突出滨水绿带的生态效应和城市服务功能，提升景观漫游体验（图 3-4）。

4）构建"一桥一景"，增加滨海城市与南沙文化和地域特色

无论是河流之上的水桥，还是城市立交的旱桥，在城市景观设计中一般都是处于城市或区域的结构要害，而一座桥梁的历史，往往是一个城市发展进程的缩影和见证。明珠湾起步区水系众多，桥梁建设也比较多，为了利用桥梁充分展示南沙文化，在桥梁设计时采用"一桥一景"的设计思路，结合桥梁的作用、等级选择适宜的桥梁形式，合理匹配周边的景观设计，使桥梁与城市景观、城市空间协调融合（图 3-5）。

5）突出城市特色，强化地标感，用艺术雕塑烘托街道氛围

城市雕塑艺术是一种城市文化的物化显示，在一定程度上影响、决定着城市面貌。城市雕塑把展示艺术和服务人民有机地结合在一起，与其他各类城市建筑共同组成美丽和谐的城市生活环境，使人们日常生活中能感

图 3-4 滨水绿地系统效果图
图片来源：广州南沙明珠湾起步区横沥岛尖景观方案深化设计阶段汇报简本——内河涌滨水景观成果

图 3-5 明珠湾大桥

受到文化的魅力与美的精神。景观小品在节点中能起到美化环境、提高识别性以及为游人提供实用服务的作用。明珠湾起步区景观小品和城市雕塑在设计过程中兼具艺术性和适用性，运用简约的设计手法，因地制宜，精巧构思，突出城市特色，强化地标感，打造更具吸引力的城市开放空间（图 3-6）。

图 3-6 城市设计小品效果图
图片来源：广州南沙明珠湾起步区横沥岛尖景观方案深化设计阶段汇报简本——内河涌滨水景观成果

3.3.3 打造富有活力的城市场地

明珠湾起步区规划用地考虑兼容性，并按照"强化功能、集约用地、完善设施、提高城市承载力"的原则进行。居住用地增加商业商务功能用地兼容性，办公区域增加零售、酒店式公寓等商业功能，提升城市便利度和 24 小时活力，并且优化河涌绿地，增加城市绿化氛围。具体的建设目标为：以人为本，将街道塑造成活力、绿色智慧、高品质的公共空间，激活街道城市生活。

1）落实混合开发，优化功能布局

明珠湾起步区的规划建设为满足居民的基本需求，采取了混合开发的规划布局形式，创新用地混合功能，提高开发强度。明珠湾起步区灵山岛尖和横沥岛尖的控制性详细规划皆采用混合用地的规划手段，增加用地功能兼容性，提升片区 24 小时活力（图 3-7、图 3-8）。

2）营造全时街道，激发城区活力

明珠湾起步区按照道路周边地块功能，划分包括商业商务大道、滨水

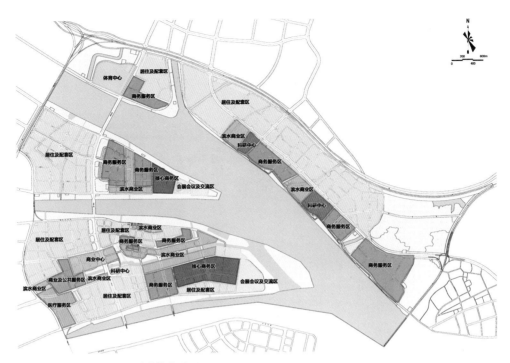

图 3-7 明珠湾起步区规划功能布局图

图片来源：横沥岛尖——南沙横沥岛尖城市设计优化；灵山岛尖——明珠湾起步区 C2 单元城市设计优化；蕉门河口片区、慧谷西区——广州南沙新区明珠湾起步区控制性详细规划；作者拼绘

图 3-8 明珠湾起步区多元混合的土地利用模式

图片来源：南沙明珠湾起步灵山岛 C1 单元城市设计

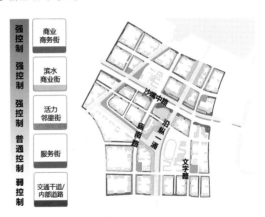

图 3-9 街道系统分类图

图片来源：南沙明珠湾起步区灵山岛 C1 单元城市设计

休闲商业街、滨江景观大道、活力邻里街、林荫大道等 5 种街道类型，营造全时街道生活（图 3-9）。

沿街建筑界面：居住街区沿街不少于 70% 的裙房连续度，裙房首层 60% 以上的活跃功能界面；滨水商业点式布局，不少于 50% 的裙房连续度，

图 3-10 现代水乡商业区效果图

图片来源：广州南沙明珠湾起步区横沥岛尖景观方案深化设计阶段汇报简本——内河涌滨水景观成果

首层 60% 以上的活跃功能界面（图 3-10）；设置骑楼、外廊、挑檐等。

附属功能设施：将垃圾箱、自行车停车架等各类街道家具布置在设施带行道树之间，避免市政妨碍步行交通。

步行与活动空间：在商业商务大道，沿街建筑底层为商业、服务等公共功能时，鼓励开放地块红线与建筑退线之间的区域，并将退线空间设置成室外拓展区域，供人们活动使用。在滨水商业带，以连续的嵌入式布局模式增加滨水休憩空间，为人们亲水活动提供空间。林荫大道沿街的布置以漫步、跑步、骑行等休闲活动为主，人们可结合节点进行健身和跑步活动。

为适应南沙地区多雨的气候条件，提升街道出行体验和便捷程度，明珠湾起步区还建立了立体连续、风雨无阻的特色慢行系统，即以地面步道、二层连廊、地下步行风雨连廊等共同营造连续友好的慢行系统，主要形式包括骑楼、挑檐、独立有盖连廊等。通过骑楼、建筑挑檐和有盖连廊的组合，连接交通枢纽、公交站点与工作或居住社区，避免市民日晒雨淋，营造良好的出行环境。风雨连廊系统一层以建筑挑檐为主，辅以骑楼界面和有盖连廊（图 3-11）；建筑一层以商业界面为主，连廊开敞、通透；有顶步行空间宽度在 3～5m。独立设置的有盖连廊多建设在建筑退缩空间、居住或工作区内部（图 3-12）。

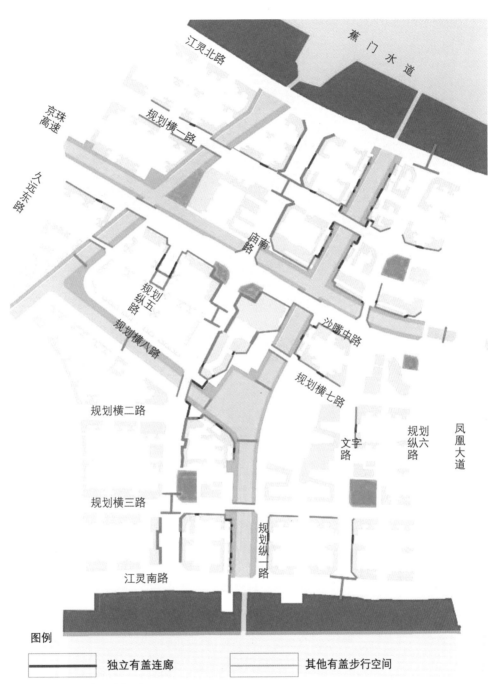

图 3-11 风雨连廊系统规划平面图
图片来源：南沙明珠湾起步区灵山岛 C1 单元城市设计

图 3-12 风雨连廊系统效果图
图片来源：广州南沙明珠湾起步区横沥岛尖景观方案深化设计阶段汇报简本——内河涌滨水景观成果

3）完善公共服务，营建邻里中心

邻里中心作为集商业、文化、体育、卫生、教育等于一体的"居住区商业中心"，摒弃了沿街为市的粗放型商业形态，也不同于传统意义上的小区内的零散商铺，而是立足于"大社区、大组团"进行功能定位和开发建设。围绕 12 项居住配套功能"油盐酱醋茶"到"衣食住行闲"，为百姓提供"一站式"服务。

明珠湾起步区打造贴近居民基本生活需求，提供便民多样、覆盖不同人群需求的社区公共服务，按街道级、居委级两级设置，街道级邻里中心集中设置街道级设施，提供文化体育、医疗卫生、养老服务、社区管理及商业等 "一站式"公共中心；居委级设施关注社区生活需求，布局便利型的公共设施。以灵山岛尖教育设施为例，设置九年一贯制学校 1 处，小学 2 处，幼儿园 5 处，符合《广州市城乡规划技术规定》及《广东省义务教育规范化学校标准（试行）》，优化教育设施用地规模，同时完善近距离的社区服务、公共配套设施共计 160 处，以非独立占地设施为主，打造便捷生活圈，优化两级邻里中心（图 3-13～图 3-15）。

图 3-13　明珠湾起步区公共设施建设前后对比图
图片来源：广州南沙新区明珠湾开发建设管理局

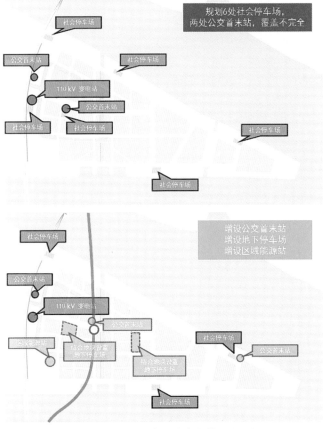

图 3-14　明珠湾起步区公共服务设施优化前后对比图
图片来源：明珠湾起步区 C2 单元城市设计优化

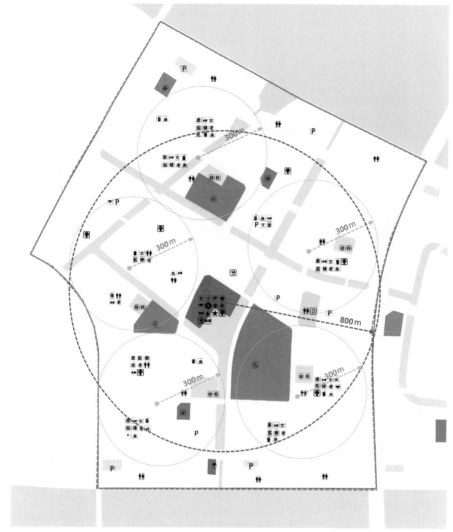

图 3-15 明珠湾起步区灵山岛尖 C1 单元公共服务设施规划图
图片来源：南沙明珠湾起步区灵山岛 C1 单元城市设计

　　以"4R社区"模式为空间结构基本单元，构造5个"4R"国际综合型社区，居住用地兼容商业／商务，实现产城融合，环境优美，服务便捷，灵活适应开发建设的弹性。4R 即：Reconcile Function——功能复合的综合型社区；Residence——提供多样化、高品质的居住体验，满足不同层次人群需求；Resilience——应用国际化海绵城市技术手段，塑造绿色生态社区；Recreation——注重公共休闲活动空间营造。

3.4 优化建筑空间和朝向

3.4.1 场地一体化设计

建筑设计与艺术创作有一个共同的特点就是存在性，存在性在建筑上表现出具有极强的场所性。建筑坐落于一片场地之上，并因这片场地的唯一性而变得独特，两者结合不可分割，共同存在，相互作用，这就是建筑的场所性。

明珠湾起步区在进行建筑场地规划时，对建筑与场地进行一体化设计，结合场地地形形成等高线状层层跌落的建筑形体，保持与地形一样的自然轮廓特征，使建筑与地形相融合，营造建筑的场所性（图 3-16）。

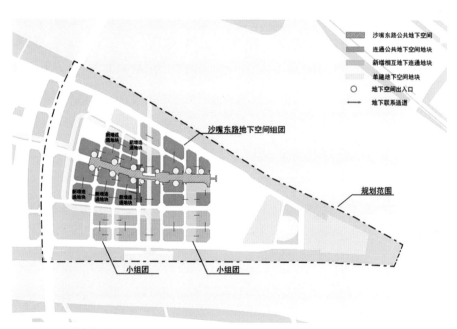

图 3-16 明珠湾起步区灵山岛尖 C2 单元地下空间组团
图片来源：明珠湾起步区 C2 单元城市设计优化

3.4.2 垂直功能混合理念

随着城市密度提升和建筑技术的发展，高层建筑、超高层建筑逐渐变得普遍，建筑的功能也从单一功能演变为多重功能。在建筑层数不断提升的背景下，"垂直城市"的概念逐步提出。"垂直城市"指一种能将城市要素、包括居住、工作、生活、休闲、医疗、教育等一起装进一个建筑体里的巨型建筑类型。"垂直城市"可以提供所有的城市功能。南沙新区明珠湾起步区在建筑空间构建时，融合"垂直城市"概念，提出垂直功能混合理念，通过对高层建筑功能的合理规划，将多种功能进行混合集中，提高建筑运作效率。在实际设计中，沿开放空间底层布置活跃的骑楼商业界面，中部布置商务办公空间，顶层适当布置可居住区域（人才公寓），基本实现主导功能比例不小于75%，兼容功能比例不小于1%。各项功能混合不仅为建筑内部的使用人群提供了方便，而且多种功能发挥作用，有利于保持建筑内部的24小时活力，提升街道和城市活力（图3-17）。

3.4.3 建筑魅力空间

裙楼设计中引入骑楼空间，回应岭南传统建筑空间形式及功能，提升市民使用的亲切感，强化城市形象；提供遮阳挡雨的空间，吸引人们聚集进行社交活动；作为室内商业空间的延伸，提高商业活力。骑楼宽度分4.5m和6m两种，其中4.5m骑楼廊下可保证行人顺畅通行。6m骑楼廊下可提供少量半室外商业休闲空间；骑楼净高结合建筑首层大堂净高设计，不应小于4.5m，以保证良好的骑楼空间品质。

明珠湾起步区通过对统一地块内建筑高度和容积率的转移、控制，沿主要步行、车行路径形成标志性节点建筑，提升地区标识性，合理设置建筑高度，形成具有开敞空间的、呈围合吸纳态势的门户形象，打造标志性场所。同时，兼顾动态、美学与整体性，沿南北向形成由滨水向核心区逐渐升高的天际线层次（图3-18）。

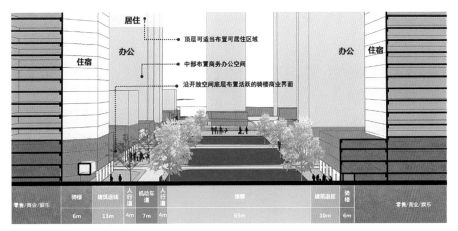

图 3-17 垂直功能混合意向图
图片来源：明珠湾起步区 C2 单元城市设计优化

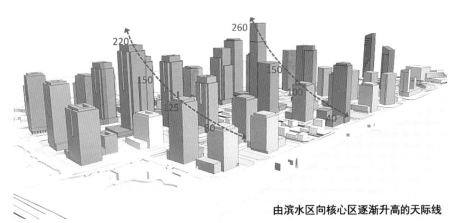

图 3-18 明珠湾起步区由滨水区向核心区方向的天际线示意图
图片来源：明珠湾起步区 C2 单元城市设计优化

3.4.4 调整建筑布局和朝向

建筑布局和朝向对于区域的自然通风和建筑能耗都有影响。建筑布局有行列式、错列式、混合式、自由式等，不同的建筑布局形式对自然通风、气候防护有不同的效果。

明珠湾起步区主要建筑朝向与夏季主导风向一致，有利于夏季自然通风；高层建筑间相互错落，利用南北向通廊形成通而不透、视线互不干扰的建筑布置（图 3-19）。

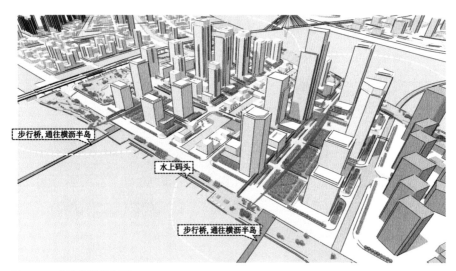

图 3-19 建筑布局示意图
图片来源：明珠湾起步区 C2 单元城市设计优化

3.5 地下空间开发与利用

合理利用地下空间是节约土地资源，实现高效紧凑发展的重要措施之一[15]。明珠湾起步区结合功能布局和地质条件，统筹规划地下空间的开发与利用，加强区域的高强度开发建设，特别是公共服务中心等高强度开发区向地下空间发展，增强城市的空间利用效率，同时增强人行交通空间的便捷性；在机动车交通量大、道路红线较宽的道路，设置地下过街通道，提升地下空间的交通便捷性，整合地下通道与地下公共空间，形成地下公共步行系统，保证地下空间的连续性和共享性。

明珠湾起步区地下空间规划以配合城市地面规划实现城市既定发展为总目标，将充分发挥地下空间独特优势，提升城市发展质量及地面空间功能与品质，实现地上地下统筹协调发展。通过地下空间开发利用，有效提升轨道交通覆盖，围绕公交优先理念，支撑区域 TOD 开发模式；利用城市轴线，构建立体公共服务平台。同时设置立体道路系统，增加对外衔接通道，扩展对内道路容量，打造四位一体交通系统，形成地下综合管廊网络，保障城市运转及系统安全。

3.5.1 总体布局规划

明珠湾地下空间开发依托轨道交通站点建设，结合轨道交通站点的主要人流流向，围绕地下轨道交通站点，在等级较高的道路下方，沿人流主流向建设地下商业街；其余地块地下功能以停车为主；规模较小的公共绿地及道路防护绿地预留地下空间；小型公共服务设施、市政设施用地以及滨水停车场建议不开发地下空间（图 3-20）。

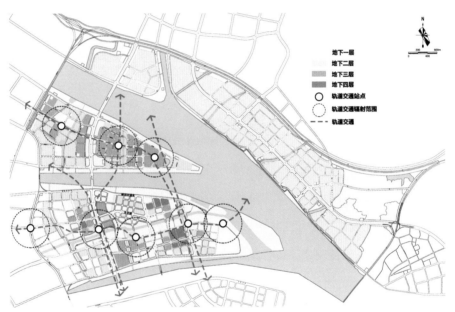

图 3-20 明珠湾起步区轨道站点地下空间开发区规划图
图片来源：横沥岛尖、灵山岛尖——广州市南沙新区灵山、横沥岛尖地下空间开发利用规划；作者拼绘

3.5.2 地下空间商业布局控制

明珠湾起步区地下商业开发包括公共道路下的地下商业街开发与地块下部的商业组团开发。其中地块内地下商业开发，原则上不增加地块商业开发总量，仅为结合轨道交通、公共地下商业街开发，将原规划中所设定的商业空间部分转移至地下空间，使人流可以更好地通过地下网络辗转于轨道站点与地块之间，避免不必要的竖向流动，增加区域的 TOD 特性，提

升地块的商业价值。例如灵山岛尖地下空间将各个地块之间连通，形成一个超大的地下休闲经济活动空间，形成南沙未来中央商务区中最具时尚气息的阳光生活区。

3.5.3 地下空间开发强度布局

在满足各地块配建停车需求的条件下，结合区域地下空间整体开发的方式，并充分考虑地下商业设施的布局空间，使明珠湾起步区地下空间开发层数基本控制在地下2～3层，部分开发强度较高的地块可开发至地下4层。

3.5.4 下沉式广场

设置下沉式广场可以在一定程度上为地下空间利用解决采光、通风、消防等固有缺陷，最大限度将地上自然因素引入地下，缓解人们进入地下空间时的生理、心理不适，同时也能创造出共享趣味空间，是改善地下空间环境最为直接有效的方法。明珠湾起步区结合地下街周边地块设置若干处下沉广场，建立起地下空间与地面空间出入联系，引导人们自由便捷地进入或离开地下空间，增强地下空间与地面空间的视觉联系。

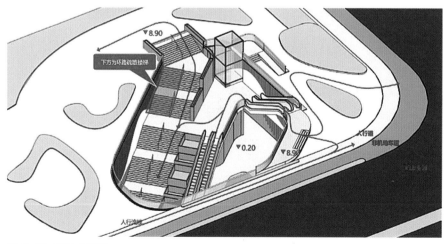

图 3-21 下沉式广场

图片来源：广州南沙新区明珠湾开发建设管理局

第 4 章　蓝绿交织的生态环境

4.1 可持续生态环境的内涵

城市生态环境的可持续发展是经济环境、社会环境、自然环境的协调发展。经济环境可持续是系统持续发展的前提条件，自然环境可持续是系统持续发展的基础保证，社会环境可持续是系统可持续发展的目的，三者结合，同时并进，才能建立起城市生态环境的可持续发展[14]。因此，城市生态环境可持续发展涉及人类的社会经济活动、自然生态和环境保护，以及它们彼此之间的相互影响、互相制约、互相适应、互相促进的协调发展关系，是城市经济持续发展的基础条件和前提条件。

明珠湾起步区水网密集，内外水交错，主要以河道、河涌、鱼塘洼地形式存在。其中外水五条，为自然冲击形成，分别为上横沥水道、下横沥水道、蕉门水道、凫洲水道、龙穴南水道，形成独特的三脉入海（虎门水道、蕉门-龙穴南水道、洪奇沥水道）、五水汇集的独特水系格局。

通过以水为基底的生态格局重构，引导城市有序发展，是南沙解决发展与保护之间矛盾的一个重要途径。在南沙区城市功能分区的基础之上，提出以水为生态基底的圈层发展结构模式，再在该圈层结构的基础之上，利用水系将明珠湾起步区划分成不同的发展组团，这种以生态保护为前提的发展模式，可从根本上解决南沙发展与生态环境保护间的矛盾。

4.2 以"水"为核心的生态环境建设原则

1）科学——打好南沙发展的基础

传统上水的利与弊往往处在对立的系统中来考虑，缺乏整体的考虑，水系规划立足统筹水利水害的综合研究，追求更科学的规划方法，为南沙新区打好更为坚实的发展基础。

2）特色——将南沙塑造为岭南水乡之都

充分保障城市化过程中人的发展需求，在城市空间、设施、公共政策上突出人文关怀；保护和传承岭南文化特色，引导现代文明与传统文明、中华文化与国际文化的有机共荣和相互促进，建设具有中国风格、世界气派的岭南水乡之都。

3）和谐——寻找水城协调的融合

南沙新型城镇化需要解决的核心问题是"和谐"发展的问题，而处理好水与城的和谐又是解决这一问题的根本所在。协调水与城的发展关系，融合水与城的冲突点，构建水城和谐的南沙发展新格局。

4）提升——支撑南沙发展目标的实现

为落实《南沙新区水系规划导则（2012～2030）》对水系规划的相关要求，按上位规划及城市设计等相关规划对明珠湾起步区的功能定位要求，做好明珠湾起步区水系规划，实现明珠湾起步区水系规划对明珠湾区未来发展目标的支撑，同时为南沙新区其他地区的水系规划做出示范指引。

4.3 构建生态水网

明珠湾起步区通过滨海水网的建设，将显著增强南沙新区城镇建设区的排水防涝能力，提高居民的生活品质，提升河涌周边土地的价值，改善区内河涌生态景观。通过河涌与堤岸生态修复、绿化与景观工程等，可显著改善河涌和陆域生态景观，大幅增加绿化面积，提高与周边环境的协调性，营造出人水和谐的生态景观。建成标准协调、质量达标、运转灵活、管理规范的排水防涝工程体系和现代化管理制度，基本形成与和谐社会相适应的综合排水防涝减灾体系。在遇特大暴雨或超标准暴雨内涝时有可行的对策措施，不对经济社会可持续发展产生严重干扰，确保南沙新区城镇的排水防涝安全。

4.3.1 内水水系重构

根据明珠湾起步区域地形条件和水系结构，将水系布局结构分为三大类，分别如下：

（1）"H"形水系结构：用地比较狭长，内部用地比较紧张时，采用"H"形的主干水系结构，引导内部用地更多地利用外水。

（2）放射形水系结构：以高地为中心，河流呈放射状向四周外流，这一水系结构模式，在慧谷西区较为突出。

（3）"L"形水系结构："L"形水系结构是南沙新区分布最广也最为常见的一种水系，由于基本不受用地条件的约束，又尊重现有水系布局，采用"L"形水系结构主要是对现有水系流动进行优化（图 4-1）。

随着明珠湾起步区社会经济的发展以及城市建设的推进，以生态调蓄和农业生产为主的河涌、鱼塘、沟渠等农业生态风貌逐渐被取代，现状水体需要根据生态和建设需求，对城市水系进行系统重构，结合河涌沿岸规划建设状况设置河涌断面和调蓄方向：一类河涌设计以生态景观为主，二类河涌布置结合城市绿地系统，兼容生态景观与生活设施，三类河涌设置公共活动设施，以形成滨水活力空间，提升城市品质。

图 4-1　明珠湾起步区域水系重构示意图

4.3.2 水系联通

明珠湾起步区域内的水系廊道是天然的径流通道，对维护水生态的健康完整至关重要。水系联通主要是新建、拓宽、沟通河涌以及河涌清淤等，可通过自然和人为驱动作用，维持、重塑或构建水流连接通道，保障水体的流动性，建立水体之间的水力联系和物质循环，疏通行洪通道，维系洪水蓄滞空间，提高防洪能力，降低灾害风险[16]。

根据河道的主要特性、在城市建设中的重要性以及河道所承担的主要功能，将明珠湾起步区的河道划分为通航河道、一类河涌、二类河涌和三类河涌四大等级。将其互相之间及其与外水水系连通起来，连通后的水系通过水系冲刷，改善明珠湾起步区内水体水质，同时可通过潮汐水体置换建立区域防洪防潮体系。

在水系连通实施过程中，采取亲近自然的生态治理技术，将治水实践中的新认识、新做法、新经验升华为文化层面的认知，挖掘水文化资源，弘扬特色水文化，恢复河湖自然面貌，维护自然生态系统，营造出更好的沿河、沿湖人文环境和健康宜居环境。同时，更大程度保持或恢复河湖水系的自然连通，保持自然生态排水系统的完整性，在保留原有河道、湖泊及排水通道的同时，适当开发人工河道。

4.3.3 水体循环

明珠湾起步区水体循环主要有两种方式：

1）上游河流径流冲刷

水体的循环过程就是一个"曝气"的过程，可以增加水体溶解氧含量，有利于改善大气质量和局部的生态环境，有利于绿色城市的建设。义沙涌、三多涌由于两头都连接到外水，采用水系冲刷的方式来完成水质的交换。水系冲刷主要通过上下游水位差来完成，即冲刷过程仅受河流径流梯度作用。明珠湾起步区上游来水为河水，部分内部河涌上游为水库水，采取上游河流径流冲刷可使明珠湾起步区建立干净、清澈的用水环境。

在规划水系布局、河道设计与日常控制水位下，灵山岛尖水体流动活跃，水体自净及更新能力较强，当遭遇意外污染事件时，河涌水质可在不到一天内恢复。

2）潮汐置换

潮汐置换可使河涌内水流维持一定的流速，以保证河涌内水质。水质可以通过防潮闸控制内外潮汐水位的方式实现，即高潮位时进水，低潮位时放水。根据明珠湾起步区当地气候特征，以及国内外对于同一纬度位置的水系研究成果，水体置换周期一般设置为 $4 \sim 7d$。

结合明珠湾起步区建设水系情况，通过相关数学模型进行论证分析，河流水体换水时间为：在枯水情况下，灵山岛尖南北走向的规划纵二涌、规划纵一涌、东环涌流速较快，最大流速超过 0.7m/s，其余河涌最大流速超过 0.2m/s；横沥岛尖各河涌最大流速超过 0.15m/s，两岛换水时间最长的西环涌换水时间仅 4.94h。明珠湾起步区采用北引南排的调度方案，河涌换水时间短，有利于水体流动。

4.3.4 河道基流维持

明珠湾起步区河道为典型的感潮型河道，河水随海潮涨落。由于全区内水闸无一定的启闭调度规律，平时一般保持全开状态，河涌的流动也受潮水影响。南沙区平原型河道除了涨落潮外，其他时间段的流动性较差，许多规模不大的河道往往没有能力维持一定的生态水量或景观水位。山地型河道维持生态水量的能力更差，没有水量的河道也就没有了自净能力，环境容量较差，在有外源污染入河时容易导致水质恶化，有黑臭的风险。

针对明珠湾起步区部分河道水流不畅问题，采用潮差引水、生态补水、水循环泵、水体微循环和增氧曝气的方式，增强水体流动性，维持河道基流形式。

1）利用潮差引水、换水

对于河道两端连通外水的河涌，可在涨潮时开启一端闸门、关闭另一端闸门引水入河，退潮时关闭原先开启的闸门并开启另一侧闸门换水。当河涌水位过低时，同时关闭两端闸门，保证河道的生态水量。

2）补水水源的多元化

明珠湾起步区全年雨量丰沛，但年际分配不均。海绵城市建设的雨水调蓄池就是要储存一定的雨水，并对雨水进行利用，具体是将调蓄池出水口处与阀门相连接，通过缓释阀门将雨水均匀地、小流量地补充入河。调蓄池上游可以连接下凹式绿地、植草沟、雨水花园等设施，接纳、储存它们转输、净化的雨水[16]。

3）水循环泵

利用水泵能够直接、迅速提高水体流动性。水泵和压力管道将两条距离较近的河道连接起来，由一个方向将水从一条河道抽提到另一条河道。河道内水循环通过水泵从河道的一端抽取一定水量，分几处将水释放至本河道内。水泵活水动水涉及管道、泵站或集水坑的工程，需要一定的施工时间，运行期间会产生一定的电费，该方法用于重要区域的、有迫切活水动水需求的城镇河道。

4）水质净化与涵养

结合河道水系流动的设计，在内外水交汇处设置生态河道：一方面外水可经过生态河道净化生后再进入城市；另一方面，流经城市的水体经生态河道涵养、净化后再流回外水中，可以有效降低水体在生活区中受到的污染。

4.4 滨水景观与生态岸线

4.4.1 滨水空间打造

明珠湾起步区滨水空间的打造是结合特色地域元素，并通过滨水地区水景建设实现，"驳岸宽度"引导岭南特色水岸的建设，"河阔比"限制引导确定滨水建筑高度。采取一系列的控制方式，达到滨水地区可视性和可达性的目标（图 4-2）。

建设传统岭南滨水公共活动区利用小尺度水系，营造岭南特色水乡环境。滨水商业街采用直立水岸处理方式，让滨水商业建筑尽可能临近水岸，打造具有岭南水乡特色的商业区。商业娱乐、文化等公共功能地区，通过水系规划的引导，使该功能区成为公共活动的核心区，以滨水区为重要载体，展现岭南文化的传承和发展（图 4-3）。

滨海河道周围设置多种绿地空间，采用低影响开发技术措施，在服务游客游憩的同时，提升区域排水防洪能力，控制径流污染，提升滨水绿地景观质量和生态效益（图 4-4）。

图 4-2 商业水街滨水空间建设

图片来源：广州南沙明珠湾起步区横沥岛尖景观方案深化设计阶段汇报简本——内河涌滨水景观成果

图 4-3　小尺度河道形成

图片来源：南沙明珠湾起步区灵山岛 C1 单元城市设计

图 4-4　明珠湾滨水带景观建设

1）坚持生态化修复原则

　　把握人与自然的设计主题，在保护原有自然景观的基础上，充分发挥自然环境优势，将自然景观和人文景观高度结合，使之具有很高的园林艺术观赏价值，体现人与自然的有机融合。

　　河岸生态修复的结果应该带给人们美好的享受，应按照景观生态学原理，增加景观异质性，保留原河岸的自然线形，运用植物以及其他自然材料构造河岸景观。以明珠湾起步区灵山岛尖外江堤岸生态修复为例，利用适宜在潮间带生长、观赏性强的绿色植物，选择稳定、环保的生态工法，打造绿色柔性的生态驳岸。在提高城市韧性的同时，与岸上景观相呼应，提升城市滨水风貌，点亮新城水岸，形成疏朗、大气、自然的外江绿岸（图4-5）。

图 4-5 河岸生态修复

2）构建自然的滨水生态系统

构建亲近自然的滨水植物系统，通过合理分析本地自然植物组成、结构特点和演替规律，合理选择植物，创造扩展空间的环境条件，提供较好的环境包容能力和生物防治能力，同时也为动物提供生存环境，使区域内具有较好的自我调节条件和适应能力。以明珠湾起步区灵山岛尖外江堤岸生态修复为例，标准段植物群落以低矮的红树和半红树灌木为主，岛屿段植物群落以原生植物短叶茳芏为主，重要景观节点植物群落以水生植物和红树搭配种植，改造后岸线植物群落多样性高，向生态化、乡土化、景观化、功能化方向发展，整治后的河道达到了"河畅、水洁、岸绿、景美"的目的，其绿色景观融入城市园林之中，成为城市的又一亮点。

3）突出明珠湾起步区滨水植物地方特色

植物选择时因地制宜，选择耐水湿、亲水和水生乡土植物，如鸢尾类、再力花、水生美人蕉、慈菇、梭鱼草、水芋、千屈菜、伞草、石菖蒲等，同时结合植物学、生态学、园林学和岭南地区历史文化，科学地构建类型丰富的滨水绿地景观，丰富的乡土植物突出植物的地方特色，构建景观、空间和功能融于一体的滨水地方特色。

4.4.2 驳岸规划

根据明珠湾起步区的功能布局与水系等级，将所有岸线分为内水型和外水型。内水型岸线以服务市民生活为主，分为岭南特色型、活力游憩型、休闲宜居型和生态保护型；外水型岸线以防洪为主，兼具城市功能。

岭南特色型岸线是指沿岸线界面具有岭南特色氛围的驳岸类型，比如岭南特色水街、岭南特色居住小区；活力游憩型岸线指城市活力区（如商业街、人民广场等）的滨水界面，一般以硬质岸线为主，软质岸线为辅；休闲宜居型岸线一般分布于居住功能片区，其岸线功能以休闲为主；生态保护型岸线指生态河流的滨水界面，其岸线功能以生态涵养与保护为主。

外堤防护型岸线指其岸线功能以堤坝防护为主，在外堤保护的前提下兼具休闲活动功能，一般以硬质和软质两种岸线为主（图4-6）。

不同地区甚至同一地区的不同河段，同一河段的不同区域，其地理条件差异导致适宜的植物种类也不尽相同。南沙新区起步区属于河口感潮区，水热条件好，水体盐度高，河岸带植物配置应当因地制宜。

根据不同类型河道的植物配置，结合明珠湾起步区现有的河道河岸带植物现状，如南沙湿地的植物类型，明珠湾起步区的生态河道河岸植物配置主要有以下几种模式：

外河岸带植物配置中，复式驳岸：南方碱蓬+桐花树+海漆——海莲+秋茄；矩形驳岸：南方碱蓬+桐花树+海漆——含羞草+海莲+秋茄——

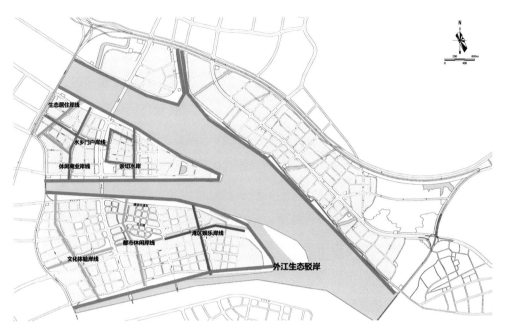

图 4-6 岸线类型规划图
图片来源：横沥岛尖——南沙横沥岛尖城市设计优化；灵山岛尖——南沙明珠湾起步区灵山岛 C1
单元城市设计、明珠湾起步区 C2 单元城市设计优化；作者拼绘

栀子＋海漆＋海桑。

　　河骨干河道岸带植物配置中，城区骨干河道：桐花树＋海漆——海莲
＋南方碱蓬——胜红蓟＋马缨丹；农村骨干河道：秋茄＋海漆＋海桑——
水莎草＋香附子＋狗牙根。

　　内河一般河道岸带植物配置中，农村中小型河道的乔木层可选用秋茄、
海桑、桐花树等，草本层选用胜红蓟、白花蛇舌草、千屈菜。

4.4.3 生态堤

　　"生态堤"由河岸、堤身、绿化带和市政道路构成，与传统堤防相比，
堤防宽度达数十米至数百米，具有安全性高的特点，且由于堤顶高度的降
低，水岸与城市空间可相互融合，营造开放且具有层次的滨海空间，避免
传统水利堤岸"围城"的情况。而在设计上，"生态堤"运用"宽度换高
度"原理，利用绿化、多级平台等形式加宽堤岸缓冲距离，缓坡递增高度，

缓冲风暴潮导致的海水越浪对堤岸的冲击力，起到消浪作用，进而可通过结构优化降低堤顶高程。

南沙地处珠江三角洲出海口，易受珠江洪水和台风暴潮的侵袭。1959年以来，南沙区平均每年受台风影响 2.85 次，台风暴潮灾害突发性强，所到之处造成巨大灾害。明珠湾区域被一条结合了堤防、道路、景观生态、建筑多种元素的宽度为 50～100m 的 V 形生态堤环绕。自 2014 年明珠湾起步区灵山岛尖综合开发"生态堤"启动建设以来，灵山岛尖以高标准建设道路交通与市政基础设施，相继建成了明珠湾展览中心、环岛路、凤凰二桥等工程。这些工程结合滩涂、传统堤岸、绿化带和市政道路，共同构建具有强大防洪功能的超级海堤，同时将海岸滨水步道、自行车绿道、滨海公园、休闲娱乐设施建在其中，融合现代城市功能，营造开放且具有层次的滨海空间，打造成以现代化公共设施为核心内容的滨海服务型景观带、文化带和经济带，注重融古推新，融合多元的岭南文化，塑造特色休闲公共空间，打造珠三角最美的富有风情魅力的阳光黄金海岸。

堤防不同标高位置的护坡结构按承受的风浪强度、受风浪侵蚀的概率、景观功能需求分别设计：

6.5～6.8m 标高亲水平台受风浪侵蚀概率大，同时该平台作为亲水步道，要求护坡结构耐久性好，且平整度高。因此，采用耐久性好、强度高、美观性优、厚度大的砌条石护坡。

6.8～8.2m 标高的多级直墙后平台护坡结构应以适应经常性高强度风浪淘刷为主，且为了避免过于明显的工程化痕迹，创新使用生态护坡结构。自嵌式瓶孔砖互嵌骑缝的结构可避免形成土体流失的通缝，起到增强铺装后护坡整体性、增强护坡抗冲刷能力的作用，消浪防冲，满足工程安全的需要；同时孔内可种植植物，绿化护坡面，有助于改善护坡的生态性及景观性。

8.2～8.5m 标高部分堤段越浪跌落区为景观硬地，铺设花岗石石板等硬质材料，可不做防护处理；部分堤段越浪跌落区为绿地，则采用抗冲刷能力强的抗冲加筋生态植生网垫，表面覆土用于景观绿化。

8.5m 标高海岸步道受风浪侵蚀的概率较小，一般采用混凝土护坡结

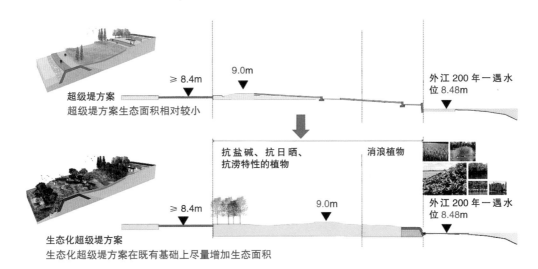

图 4-7　生态堤示意图
图片来源：明珠湾起步区（横沥岛 DH0501-08 管理单元）控制性详细规划修编

构。但混凝土结构表面美观性差，为增强该段海岸步道的美观性，采用石板饰面。

2017 年第 13 号台风"天鸽"引起的潮位高达 8.13m，创南沙潮位历史新高，明珠湾起步区已建成的灵山岛尖生态景观超级堤经受了考验，在此次台风中发挥了重要的防洪效益，为"以宽度换高度、景观沁堤围"的超级堤建设理念提供了很好的工程验证及应用实例支撑（图 4-7）。

4.5 绿地生态环境建设

4.5.1 景观绿廊

景观绿廊是城市绿地生态系统的一个重要子系统。根据明珠湾起步区打造以"五水汇湾、山水相连、三江六岸、南海之门"为特色的综合城市服务中心的建设目标，景观规划主要包括公园绿地景观、道路景观、湿地生态景观和特色社区景观四大部分内容，其中重点建设中心景观水轴的三

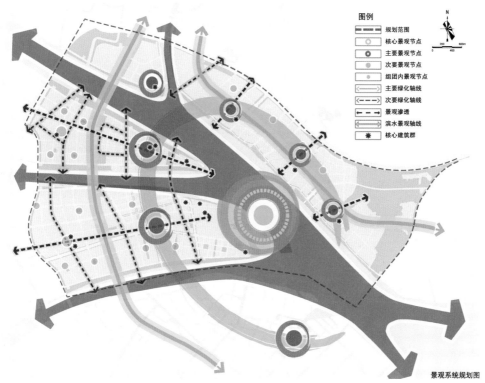

图 4-8 明珠湾起步区景观系统规划图
图片来源：广州南沙新区明珠湾区起步区控制性详细规划

海湾景群和两岸滨水绿地，打造滨海公园带及生态游憩带，通过三条景观
绿廊联系各城市组团（图 4-8）。

4.5.2 大型绿地公园

　　明珠湾起步区公园绿地景观重点打造灵山岛尖雨洪公园。雨洪公园兼
顾科学性、公益性、休闲性，既是灵山岛尖雨洪调蓄基础设施，又是不乏
休闲娱乐、生态教育等功能的公园绿地。同时，雨洪公园作为灵山岛尖海
绵城市系统的"中央集水站"，具有调节储蓄区域雨洪的功能，在一般气
候条件下可以截留 80% 以上的雨水。雨洪公园在增加城市绿化景观、游憩
休闲的基础上，可以调蓄周边道路雨水，保证暴雨季节交通主干道的通行

图 4-9 城市湿地之环效果图
图片来源：广州南沙明珠湾起步区横沥岛尖景观方案深化设计阶段汇报简本——内河涌滨水景观成果

能力；同时恢复湿地系统，确保南沙在开发建设过程中最大限度地保护原有自然环境，重现南沙水岸生态系统（图 4-9）。

4.5.3 道路绿化景观

　　明珠湾起步区道路景观主要以高快速路、景观主干道、特色景观路、一般城市道路及立交节点五大类型进行分类规划建设指引。其中高快速路通过打造中间分车带及两边立体绿化来提升道路整体观感。另外，通过道路绿化、景观、铺装、小品的精心设计，重点塑造六条别具风貌特色的景观主干道，贯穿组团中心。特色景观路以周边城市环境的不同划分为滨海路、山谷路及水街沿路三类进行建设指引。一般城市道路则以组团为中心，因地制宜进行打造。立交节点按现状情况以湿地型与山地型分类进行建设指引。

　　道路两侧分别为城市景观和滨水景观，植物主要以水翁、黄槿、蒲桃、大叶合欢等乔木为主。环岛路城市景观的一侧以行列式种植行道树，另一

图 4-10 明珠湾自然生态景观
图片来源：南沙明珠湾起步区灵山岛 C1 单元城市设计

侧则采用两种（或以上）的乔木分段种植，结合滨水公园里的游步道、木栈道、堤坝、木平台等景观，形成独特的滨水景观道路[17]（图 4-10）。

4.6 海绵城市建设

明珠湾起步区区内水系发达，水质总体较好，在开发建设过程中尤为注重水质保护和维持。充分融合海绵城市理念，主要通过源头消减、过程控制和末端调蓄等措施，降低雨水径流污染。源头消减指在雨水进入河道水网之前进行的各种处理，主要目的是减少污染物，控制雨水径流量，从而减少河流生态系统的负荷。中途控制是指利用生态基础设施在雨水输送过程中对污染物进行截流、储存和处理，中途控制措施包括周围道路雨水口截污挂篮、初期雨水弃流、雨水沉淀、过滤等控制措施。末端调蓄是指将河流周围雨水收集到排水系统的末端，进行集中的物理、化学和生物等处理，从而去除雨水中的各种污染物，最后排放入水体或进行回用，末端控制措施包括入河口截污、湿塘、湿地等[18]。

明珠湾起步区滨海水网建设时，综合考虑周围地块水网结构，设置多级生态廊道，通过控制径流总量、削减洪峰流量、净化雨水等方式进行区域内涝防治，通过"大小海绵"共存共建，建立基于"大海绵"理念下的雨洪管控策略，由末端治理转为源头减排、过程控制、系统治理，从而实现修复城市水生态、改善城市水环境、保障城市水安全、提升城市水资源承载能力、复兴城市水文化等多重目标[19]。

大海绵：充分利用明珠湾"五水汇湾"和河涌密布这一天然"海绵基底"特征和良好的生态本底，与高效截污处理、生态河湖与湿地建设、潮汐水流调节等措施复合，保障区域内的水安全与水生态，使区内主要河道水体水质达到三类水以上；规划"自排+调蓄+强排"的排涝体系，保障区域整体防涝安全。

小海绵：在建设工程（房屋、社区、道路交通等）中规划建设生态草坡、下沉绿地和屋顶绿化等实现雨水的滞留、渗透、净化和蓄积，同时进行初雨处理，有效控制面源污染。

在小海绵层面，为实现海绵城市建设目标的"海绵模块"，通过各层级"海绵模块"的联动作用，实现雨水合理、有序的控制。注重项目的影响力和示范作用，打造精品项目，以实际效果带动其他区域的海绵建设。海绵设计结合景观绿地，以加强雨水调蓄、截污净化、雨水利用等功能为主，通过透水铺装、下凹式绿地、雨水湿地、湿塘等工程措施，增强雨水的渗透、调蓄和净化，形成完整统一的绿色海绵网络。结合政府开发建设时序及海绵城市项目建设条件，综合选定示范项目，进行前期建设示范。起步区较为典型的示范项目是位于灵山岛尖的雨洪生态园。

雨洪生态园位于灵山岛尖西，通过创造一系列深浅不一的生态池和高低不一的土丘，打造一条蓝绿项链，形成自然与城市之间的一层过滤膜与体验界面，一方面解决雨洪的排放与滞留，另一方面利用雨洪恢复湿地系统，重现南沙水岸生态环境。高架栈桥、丘林步道、观光亭塔创造了丰富多样的体验空间，在增强景观功能的同时保证了交通主干道通行能力（图4-11）。

图 4-11　雨洪生态园照片

第5章　资源节约的市政设施

5.1 绿色市政内涵

　　绿色生态发展是指在经济高速发展的前提下，保持能源消耗和二氧化碳排放处于较低水平，其核心目标就是"三低"，即低能耗、低污染、低排放，这是一种在资源、能源和生态环境综合平衡制约下的新型发展模式。作为以政府为主导的城市建设、运行、管理基础组成部分，市政系统是可以直接体现资源和能源流动的系统，也是可由政府进行最大程度引导和作为的系统。因此，为摆脱目前珠三角市政设施建设所面临的困境，应在低碳发展理念下，以市政新技术为引领推行绿色市政，促进设施优化配置、资源节约和循环利用。

　　所谓绿色市政是指落实低冲击开发理念，通过采用市政新技术，构建创新型、环保型、知识型的现代化绿色市政设施体系，实现低碳化布局和数字化管理，保障城市安全运行。绿色市政系统的建立基于"以更高效、优化、生态的系统实现节能减排"和"以资源与能源的循环再生重建自然化的生产模式"两个基本理念，是由交通、供排水、能源、环卫等市政设施组成的技术先进、适度超前的综合网络系统。

　　城市市政基础设施是新型城镇化的物质基础，也是城市社会经济发展、人居环境改善、公共服务提升和城市安全运转的基本保障。绿色市政是通过采用市政新技术，合理利用各种资源，构建创新型、环保型、知识型的现代化绿色市政设施体系，实现市政设施低碳化布局，同步实现市政设施的数字化管理，保障城市安全。

　　市政系统是明珠湾的"城市生命线"，它首先要保障城市的正常运转，提供高水平的服务，同时也必须符合生态学基本规律，全面支撑城市可持续发展。

　　为贯彻"绿色生态、低碳节能"发展理念，深化粤港澳合作，建立先行先试示范区，明珠湾起步区坚持集约、绿色、科技、低碳的原则，结合区域特色，在水资源、能源、综合管廊等方面统一规划打造整体绿色市政系统。

5.2 循环利用水资源

5.2.1 污水处理及回用

为节约并充分利用水资源，落实资源节约与开发并重、大力发展循环经济的规划目标，将污水再生利用工程与地区综合开发相结合，做到集中处理、统一回用。

明珠湾区起步区的污水主要是居民生活污水和公建污水，污水排放量约为 9.39 万 m³/d。污水厂采用分散布置形式，灵山岛片区和横沥岛片区分别建设一座污水处理厂。将污水处理厂尾水深度处理后作为再生水水源，其水质标准达到《城市污水再生利用城市杂用水水质》GB/T 18920—2002 和《城市污水再生利用景观环境用水水质》GB/T 18921—2002 等标准规定的要求（图 5-1）。

图 5-1 再生水管网布置图
图片来源：横沥岛尖——明珠湾起步区（横沥岛 DH0501-08 管理单元）控制性详细规划修编；灵山岛尖、蕉门河口片区、慧谷西区——广州南沙新区明珠湾区起步区控制性详细规划；作者拼绘

再生水（中水）主要用于绿化灌溉、道路浇洒、景观水体用水和城市杂用水等，其使用比例将达到 16%。

5.2.2 雨水处理及回用

为建设可持续的、生态型的起步区排水系统，鼓励雨水的截留、储存、利用或回灌地下，改善起步区的水环境与生态环境，首先将雨水就近排入起步区内河涌和外河道，这样可以削减雨水的地面径流量，进而减轻排水系统的压力。另外雨水渗透不仅能增加土壤的含水量、有效防止地面下沉、缓解城市热岛效应及减少噪声，还能促进雨水、地表水、土壤水及地下水之间的"四水"转化，维持城市水循环系统的平衡。

经过简单过滤后的雨水就近排入水系、河道，当出现洪水或连降暴雨时，区域内的雨水经泵站提升就近排入上横沥水道、下横沥水道、蕉门水道。

根据起步区规划布局和水系特点，规划中共划分 26 个雨水分区，统一进行雨污分流规划（图 5-2）。

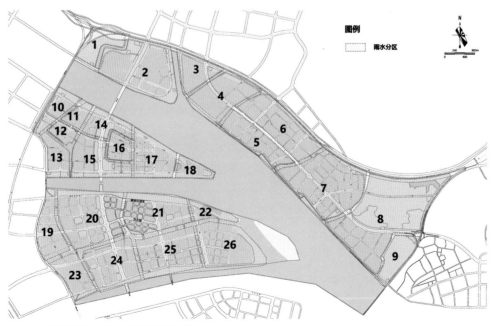

图 5-2 明珠湾区起步区雨水系统分区图
图片来源：横沥岛尖——南沙区横沥岛尖海绵城市建设实施方案；灵山岛尖、蕉门河口片区、慧谷西区——广州南沙新区明珠湾片区起步区水资源专项规划；作者拼绘

结合明珠湾起步区雨水利用工程规划与区域排水规划同时开展，建筑与小区雨水利用工程规划在小区前期规划中充分考虑雨水资源利用，收集的雨水用于绿化、保洁等。通过对雨水的回用、下渗等综合利用，达到节约水资源和减小外排水量和峰值流量的目的。具体形式如下：

（1）雨水渗入地下可利用绿地、透水铺装地面、渗沟、渗井等渗透设施和生物滞留设施。

（2）绿地雨水宜采用渗入地下形式。可依据绿地土壤与地质地形条件，结合景观要求采取整体下凹式绿地、局部下凹式绿地，必要时可在适当的地方设置入渗槽、渗井等渗透设施。

（3）屋面雨水可选择收集回用、排入绿地下渗、屋顶绿化或屋面滞蓄排放等形式。

（4）小区内的人行道、非机动车道宜采用透水铺装地面，将雨水渗入地下或下渗后收集回用。

（5）城市道路宜采取相应雨水利用措施。红线内绿化带宜采用下凹式绿地；人行步道宜采用透水地面，并应同时满足承载力和冻胀要求；道路雨水口宜采用环保雨水口，雨水口可设于绿地内，但进入绿地前宜经适当处理；道路雨水管道接入河道前宜设置调控排放设施。

（6）城市河道雨洪宜就近引入公共绿地滞蓄下渗，不具备条件时可在保障防洪安全的前提下通过闸、坝、堰等进行调控利用。

5.3 高效利用清洁能源

5.3.1 区域用能需求及特点

明珠湾起步区重点发展总部经济、科研创新等高端服务业，打造具有粤港澳合作服务功能和城市综合服务功能的中央商务核心区，区域内建筑类型为办公建筑、商业建筑、酒店、一二类居住用地、教育科研等，区域用能需求主要为生活热水、用冷需求、太阳能光导、光热、光电等新技术。如政府主导建设的公共建筑，应考虑节能减排新技术的示范效应，并配合绿色建筑等要求进一步深化落实。综合考虑地块的用地性质及其建筑密度、容积率等不同规划建筑设计指标，选取写字楼、商场、科研办公、酒店、餐饮及文娱活动等六类较有代表性的建筑，并根据其不同特点分别建模，计算预测用能需求[20]。

5.3.2 能源利用原则

节能：采用集中式能源系统比传统能源系统能源利用效率高，便于集中管理。

集约：以提高资源利用效率为核心，按照"减量化、再利用、资源化"的原则，实现资源循环式利用，促进可持续发展。

绿色：采用太阳能光热、太阳能光伏等可再生能源技术，建立高效、环保和环境友好的绿色能源系统。

经济：科学合理地配置能源系统方案，综合考虑项目投资成本，将各种新能源、新技术、新方法，应用在用能、输能、产能和综合管理等各个环节，提高系统能效，提高运行经济性。

5.3.3 可再生能源资源利用

1）可再生能源条件

根据规划区域周围区域能源供应情况，结合能源利用现状、建筑节能现状，展开现场详细调研。通过调研掌握规划区域的能源现状、可再生能源现状。考虑到水质方面的要求，不宜使用江水冷却及水源热泵等技术，风能、潮汐能等能源方式在区域内尚未具备建设条件，暂不实施。因此可以利用的可再生能源主要为太阳能资源。广州市年太阳辐射总量在 $4400 \sim 5000MJ/m^2$ 之间，年日照时数在 1700 ~ 1940h 之间，地域分布均呈现自东南向西北递减趋势。太阳能资源分布按中国太阳能资源区划分，属于 3 类地区，具有一定的利用潜力，在广州利用太阳能制备生活热水有着较好的技术条件。

2）可再生能源利用规划

开发利用可再生能源具有重要意义，是落实科学发展观、建设资源节约型社会、实现可持续发展的基本要求；开发利用可再生能源是保护环境、应对气候变化的重要措施，也是开拓新的经济增长领域、促进经济转型、扩大就业的重要选择。结合区域的可再生能源条件和能源需求情况，根据可再生能源资源分析可知，明珠湾起步区可积极利用太阳能热水、太阳能光伏技术，根据实际需求进行规划。

（1）太阳能热水技术

太阳能光热应用可以分为太阳能热水系统、太阳能供热采暖系统及太阳能供热采暖空调综合应用系统等。太阳能光热利用中的热能主要为低品位能源，特别适用于在建筑中制备生活热水、采暖、空调、低温加热等领域。

广州南沙区明珠湾起步区的太阳能热利用规划思路如下：太阳能热水系统在替代生活热水能耗方面效益显著，技术成熟，投资回收期较短，应全面开展太阳能热水系统的应用。广州南沙区明珠湾起步区的太阳能光热应用主要为居住建筑和少量酒店建筑提供热水。

通过对明珠湾起步区内建筑生活热水需求和区域内太阳能光热资源条件进行分析，规划区域内全面开展太阳能热水系统建筑应用，居住建筑拟采用太阳能光热，辅助电或燃气的方式来满足太阳能生活热水需求。

（2）光伏发电技术

明珠湾起步区的太阳能光伏发电规划应用于集中办公和商业地块内，分别为在各地块绿地集中建设和在自有建筑屋顶上采用 BIPV 和 BAPV 方式，将光伏组件作为采光顶面板、建筑构件等安装在绿地和基地建筑屋顶上，与植物景观实现协调搭配，与建筑物实现构件化、一体化。

结合各地块的绿地面积和建筑屋面面积情况，南沙明珠湾起步区规划建设的太阳能光伏总面积约为 39 万 m^2，发电装机容量约 24.45MW。所发电力主要供给所在建筑的用电，远期具备条件时可以并网输送。

（3）空气源热泵供生活热水规划

空气源热泵是常用的可再生能源技术，可节能减排、提高能源利用效率。空气源热泵利用空气热能，形成高于环境温度的高品位能源，以满足生活热水需求。目前空气源热泵已经在我国南方地区得到了广泛应用。

规划拟采用空气源热泵为规划区域公共建筑提供生活热水。区域内公共建筑面积约 1095.97 万 ㎡，规划方案拟以空气源热泵系统承担区域公共建筑主要生活热水需求（以空气源热泵的形式为主，以燃气方式为辅）。

5.3.4 区域集中供冷

1）区域集中供冷必要性

南沙新区作为粤港澳深化合作和新型城市化综合示范区，区域建设理念与发展决定了明珠湾起步区能源发展必须走绿色能源、清洁能源道路，因此立足国家能耗强度和总量控制"双控"的能源政策背景，起步区坚持全面贯彻可持续发展、集约、绿色环保、低碳节能的理念规划与建设。通过区域能源规划和设计，进行区域内能源结构的合理匹配、能源的高效应用以及优化管理，以解决区域供冷需求为基础，打造能源综合利用度高的低碳、绿色、宜居城区。

2）区域集中供冷概况

考虑到蕉门河口片区、慧谷西片区开发建设情况（范围内大多地块已在建或开工建设），目前阶段已经不适宜纳入集中供冷，灵山岛尖、横沥岛尖规划区域主要为商务、商业建筑，建筑类型多、容积率大，建筑负荷密度高且具有错峰特性。区域能源根据建筑类型、建筑特点动态分析负荷特征，并利用建筑负荷错峰特性，削减区域内供冷装机容量，减少初投资，并利用区域供冷兼顾能源供应、消耗以及存储，达到供需平衡，因此区域内比较适宜建设集中能源站。灵山岛尖和横沥岛尖共规划 6 座能源站，供能形式采用冰蓄冷＋电制冷。其中，灵山岛尖规划能源站 1 座（3 号能源站），规划供冷面积约 34.65 万㎡，冷负荷约 34MW；横沥岛尖规划能源站 5 座，规划供冷面积约 493.46 万㎡，冷负荷约 490MW[20]（图 5-3）。

图 5-3 广州南沙区明珠湾起步区各地块集中能源站位置图

3）区域集中供冷效益

　　减少能源系统的总装机容量，有效缓解城市热岛效应，助力政府落实节能减排。用户方不需再投资建设自用能源站，可以节省初投资、增加商业面积并减少运维费用。

　　利用冰蓄冷项目实现环保效益和经济效益双丰收。冰蓄冷项目合理应用有利于在整个电力能源系统范围内节省投资、降低运行费用、节约能源和保护环境。在实现既定环保效益的同时，建设方通过项目的运营、能源的节约，以合同能源管理模式获取经济利益。建设方的经济收益也将进一步激励社会大众对能源产业的投入和关注。

5.3.5 能源互联网

1）能源互联网概念

　　能源互联网是综合运用先进的电力电子技术、信息技术和智能管理技术，将大量由分布式能量采集装置、分布式能量储存装置和各种类型负载构成的新型电力网络、石油网络、天然气网络等能源节点互联起来，以实现能量双向流动的能量对等交换与共享网络。

2）明珠湾互联网规划内容

（1）多能源站互联网络

通过建设覆盖整个明珠湾起步区的集中供冷网络，将明珠湾起步区10个集中式供冷能源站在能源网络层面进行互联，各能源站可根据用户需求进行灵活的运行调度，提高区域整体供能的能源利用率，提高系统经济性，提高系统的安全可靠性。

（2）数据采集、监控与传输系统

搭建供能网络的数据采集、监控与传输系统，利用信息集成、动态分析和智能调度技术，建立智能决策调度系统，通过调用实时用能监测数据、气象数据、负荷仿真预测曲线等，制定智能控制策略，实现各能源站、供能网络和用户的联合调节，调节全网供能平衡，实现提高能源利用效率、节能减排、降低运行费用的目的。采用可视化理念和智能管控技术，搭建供能管控平台，通过该平台调用监测数据和下发控制指令，实现信息灵活存储和交互调用。通过构建智能灵活的监控设备网络，建立二级站信息采集与控制系统，接入区域供冷主干网、各园区分支管网，采集各能源站、二级站和管网的运行参数信息，执行控制命令。最终通过该系统，实现热能互联网对各能源站的灵活调度和统一决策。

（3）大数据分析仿真系统

结合大数据分析、优化仿真技术，建立区域供冷负荷预测数学模型，根据监测的历史数据、供能网络实时运行参数和逐时气象数据，预测各用户的冷负荷需求变化，将负荷预测需求曲线传输给智能决策调度系统，为各能源站供冷智能调节和优化调度提供基础数据。

（4）多源协同的主动配电网络

利用信息采集和智能电力调度技术，构建对区域内分布式三联供、分布式光伏、终端用户行为、电网设备状态等多源观测信息的采集系统，实现多元数据采集，建设可观的配电网。基于对柔直环网装置、线路开关、分布式电源、智能微电网以及柔性负荷调控，升级改造配电网，建设可控的配电网。利用主动配电网拓扑灵活、潮流可控的特性和微电网的自治能力，提高配电网电能配送和优化配置能力。通过构建智能灵活的监控设备网络，建立各站址及相关设施信息采集与控制系统，接入区域供电主干网、各园区分支管网，采集各电源及输送设备的运行参数信息，执行控制命令，构建以智能变电站为核心的区域电网，实现全站信息数字化、通信平台网络化、信息共享标准化、高级应用互动化。接入明珠湾起步区各企业园区内建设的分布式能源和储能系统，同时实现并网和孤网运行的灵活切换。

（5）智能电网配电网自动控制

在配电自动化建设上以"横向到边、纵向到底"为导向，采用精确信息传输、远程监测控制技术，对低压台区、低压联络开关配置智能终端，实现遥测、遥信、遥控功能，在一体化基础平台上形成实时监控、智能分析与自愈控制、优化调度、调度管理和培训仿真五大类应用功能；在分布式三联供、分布式光伏、储电等多能源优化控制上，通过多种分布式能源建模技术、区域能源与分布式能源分层调度技术、分布式能源联合优化技术以及自动配电网能效分析体系的建立实现分布式多源优化控制，进一步支撑智能电网的智能控制。

（6）能源信息通信系统

采用灵活精确的信号监测技术，分别在变电站层面、配电线路及所有专变用户层面通过网络传输方式进行数据监测，同时将监测数据接入调度数据网，并通过无源光网络（PON）技术、X.PON 技术实现各种监测信息和控制信息的传送，建立汇聚、接入、局部通信网三层结构的网络架构，实现应用层面的统一通信，实现微网接入、智能调控区域和用电采集、智能用电通信和状态监控。

（7）智能用电系统

通过智能电表、光纤传输技术实现用电数据采集；在工业和居民用户负荷特性分析的基础上，评估需求响应参与潜力，实现需求响应自动化；

通过大数据平台利用双向通行机制对明珠湾起步区所辖柔性负荷进行协调控制与优化管理；通过电能质量的监测分析制定相关电能质量治理方案；完善电动汽车服务网络，通过电动汽车有序充电管理平台指导明珠湾起步区用户电动汽车的有序充电。通过以上功能模块的建设，构建智能用电系统，实现电网与用户的优化互动，推动社会资源共享，提供多元化的服务，提升电力用户的参与感，进一步增强智能电网的社会感知度和认知度。

5.4 综合管廊总体建设情况

5.4.1 建设需求分析

明珠湾起步区建设需求分析如下：

释放城市土地资源的需求：结合架空线入地和城市景观需求等，在城市窗口板块合理布局管廊，释放土地，避免破路。

地下空间一体化开发建设需求：在管线需求较高、开发强度较高的区域布局综合管廊，为远期管线升级扩容提供保障。

城市重点片区稳定运行的需求：基于轨交、地下空间建设，在地下空间成片开发区域统筹考虑综合管廊，集约利用地下空间。

整合"市政 + 能源"通道的需求，整合市政与能源的廊道，考虑将能源管道纳入综合管廊，集约共享地下通道资源。

5.4.2 规划建设情况

2015 年 9 月 1 日，南沙明珠湾起步区一期灵山岛尖公共部分地下空间工程正式启动建设。项目位于沙嘴东路下方，是集交通、商业、市政、防灾等功能于一体的复合型地下综合体，包括综合管廊层、公共地下空间层和地铁站台及区间层，总长约 1km，地下空间总深度为 9.5m，向地下开挖三层建筑面积约 3.98 万 m^2，项目总投资约 7.5 亿元。项目的兴建可以有效进行人车分流，改善城市的静态交通与动态交通，缓解交通压力。

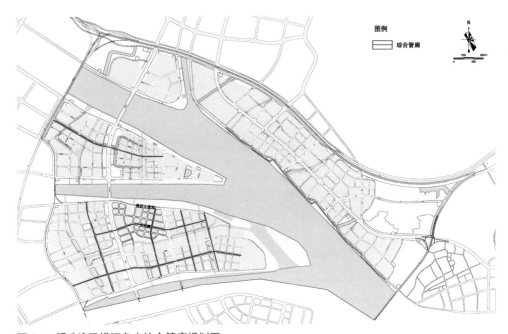

图 5-4　明珠湾区横沥岛尖综合管廊规划图

图片来源：横沥岛尖——明珠湾起步区 （横沥岛 DH0501-08 管理单元）控制性详细规划修编；灵山岛尖——广州市南沙新区灵山、横沥岛尖地下空间开发利用规划；作者拼绘

目前，南沙明珠湾起步区二期横沥岛尖规划综合管廊设计范围为横沥岛内管廊与地下空间、环路合建的部分，不含合建段之外的规划单建管廊。设计范围内含综合管廊 4 条，总长约 4.9km。包括：大元路管廊（双舱、三舱共 1.17km）、新北路管廊（三舱 0.88km）、新联路管廊（单舱 0.73km）、金融大道管廊（双舱 2.12km）（图 5-4）。

第6章 绿色安全的城市交通

6.1 绿色交通概念

随着城镇化、社会经济及机动化的不断发展，城市人口数量快速增加，机动车数量迅速增长，由此引发的城市交通问题变得越来越突出。交通拥堵、大气污染、能源消耗、噪声污染等交通问题逐渐成为制约城市发展的重要因素。现阶段城市交通发展需要综合考虑人口、城市用地、环境保护、能源节约、安全、效率等多重因素，可持续发展理念在交通领域中的应用变得越来越重要，由此产生了"绿色交通"的理念。

"绿色交通"旨在减少私人机动车辆的使用，并积极鼓励、倡导更多的人采用步行、骑行或乘坐公共交通等绿色交通工具作为出行的方式，从而减少高污染的机动车的使用比例。绿色交通作为可持续发展理念在交通领域的应用，体现了"以人为本"的思想。以环境和资源作为约束因素，将绿色理念融入城市交通发展战略，打造属于城市的"绿色"综合交通体系，实现资源、环境和交通的可持续发展，能够有效缓解道路交通拥堵，减少交通产生的环境污染，节约社会资源，减少资源消耗，进而推进社会的公平与和谐。

随着交通问题的不断加剧，国内对绿色交通理念的重视已经从单纯的意识宣传和引导逐渐转向全体公民的绿色交通自觉行动上。为发展绿色交通，政府单位实行了长效的激励机制与创新性的制度改革。特别是一些发达城市采取了适合自身交通特点的绿色交通模式，国内多地相关部门针对绿色交通的发展规划，提出了不同的发展措施，以改善城市道路交通现状，提高城市道路交通运行与服务水平。如北京、上海、深圳、武汉、长沙等城市的绿色交通系统发展都取得了很大的进步，这些城市发展以地铁为主导、公共交通和慢行交通相辅相成的"便捷、安全、集约、低碳"的综合绿色交通体系，激励市民尽量绿色出行。广州、大连等城市则发展快速公交系统，实施了"专用通道 + 灵活线路"模式，通过快速公交专用车道加快公交的运行速度，以更加方便市民出行。另外，珠三角区域的城市也提出了绿道模式，如杭州公共自行车系统、水上巴士系统，福建厦门健康步道系统等，若干城市绿色交通发展措施详见表 6-1。国内各城市因地制宜地推行绿色交通，通过研究试行，慢慢取得了一些成果和经验。

我国若干个城市绿色交通发展方面的具体措施　　表 6-1

城市	发展措施
北京	推广新能源及清洁能源汽车，淘汰黄标车及不符合排放标准机动车；采取数据化监管措施，建立能耗数据集成系统平台，实现车辆碳排放追踪；大力发展轨道交通；生态驾驶引导工作
厦门	推广新能源公交及出租车，清洁能源出租占 99%；完善公共汽车线路，解决居民出行难的问题；完善隧道节能设施；完善交通基础设施，大量设立快速充电桩
重庆	发展清洁能源公交车；实现公共交通智能化管理；建立运营车辆能耗的监控系统；交通运输装备低碳环保
杭州	大力发展轨道交通，节能环保车型占 90%；发展 LED 灯等绿色节能设施，发展绿色水上巴士；慢行道设置率高达 100%

6.2 明珠湾绿色交通发展策略

6.2.1 共建区域轨道网络，构建多向开放格局

明珠湾区高标准的定位和功能布局，将使得明珠湾区的对外交通更加频繁，特别是与南沙区其他功能组团的联系也相应增加。未来随着明珠湾区的发展，区内机动化出行将有很大程度的增长，考虑到土地资源的限制，从可持续发展角度出发，明珠湾区适宜发展轨道交通作为区域联通廊道，并通过轨道交通协调国家高速铁路、区域城际铁路的规划建设，促进明珠湾轨道交通规划布局，形成以轨道站点为引导的空间开发格局，实现明珠湾与南沙区其他功能组团、广州市、港澳、珠三角主要城市的 1 小时连接，与华南区域性中心城市的 3 小时连接（图 6-1）。

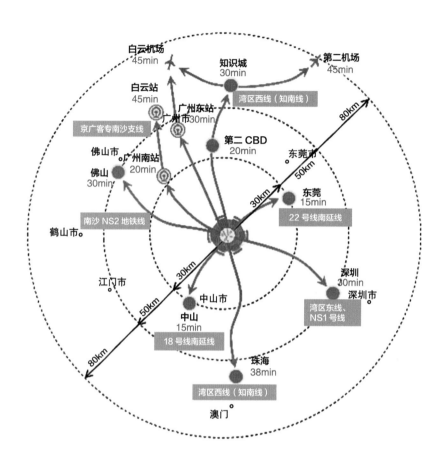

图 6-1 起步区交通规划布局图

6.2.2 构建骨架道路网络，塑造国际型都市

对外交通方面，协调涵盖明珠湾区在内的区域性高速公路网络建设，重点协调好明珠湾区与京珠高速、广澳高速之间的有机衔接，促进明珠湾区沿高速路的区域化发展，特别强调高速公路在明珠湾区出入口设置与城市功能布局的协调，通过高速公路和城市功能的有机配合，有效吸引区域要素在明珠湾区集聚。

内部交通网络方面，结合明珠湾区内水网密布的特点，合理构建明珠湾区内部的交通网络构架，支撑城市功能高效、快捷、低碳运营。交通性干道沿明珠湾区各功能组团边缘布局，减少对城市功能的干扰和分隔；生活性道路采用小断面、高密度布局，加强街区微循环。

6.2.3 优化公交系统结构，加强公交服务能力

明珠湾起步区构建以各级轨道交通为主、以区域快速公交系统为辅的城市公共交通主框架，辅以公交大巴、小巴、班车，形成多层次、多元化、全覆盖的公共交通网络[22]。特别强调各级交通转换枢纽的建设，促进多种交通方式的无缝换乘，增强公交服务效率，提供更多的跨江交通服务。在公交巴士、班车和出租车上率先实现清洁能源车辆的使用，为清洁能源车辆在城市的使用做出探索和示范。

6.2.4 打造特色慢行网络，提升城市出行品质

结合明珠湾起步区出行需求，沿滨水和城市公园绿地，将明珠湾起步区慢行系统与城市功能的其他空间进行整体化考虑，制定详细的方案，充分尊重游客、居民、办公人员等不同人群的出行需求，布局非机动车廊道和步行空间。

制定详细的规划和设计指引，将其纳入明珠湾区城市总体城市设计导则当中，作为交通空间引导内容，有序引导慢行设施布局和设计，逐步改善和提升慢行交通环境。通过信息化技术手段，增加语音过街与提醒设施，改善交叉口、人行过街设施安全度和舒适度。

按照广州市碧道建设要求，进一步推进城市绿道和社区绿道的建设，构建良好的慢行环境，引导市民健康出行。在区域内密集建设商业区、办公区，建立地面骑楼、二层连廊、地下通道共同构成的人行通道系统，保障慢行出行的安全性。

6.2.5 推进智慧交通管控，提高交通系统效率

充分运用云计算、大数据、物联网和人工智能技术和理念，借鉴新加坡、香港等先进城市的交通建设经验，打造与明珠湾区相适应的、特色鲜明的智慧交通管理系统，全面提高明珠湾区道路管理的路网监测水平、应急处理能力、运管管理效率和信息服务水平，提升明珠湾的整体交通出行形象。

6.3 公共交通系统建设

6.3.1 公共交通线路组织

明珠湾起步区要发展绿色出行模式，需要明确城市公交系统在区域交通体系中的竞争力，关键是针对多样的交通需求，细化内部公共交通系统分工，为不同特征的乘客提供相应的、高效率的绿色出行交通服务。明珠湾起步区借鉴国内外城市经验，在现有公交线路基础上结合明珠湾区公交首末站规划建设进度，增加内部公交通行线路（包括城际公交、内部环线），目前规划在明珠湾起步区内通过的公交线路 60 条，并将公交网络分为三层：第一层是以对外公交需求为基础，联通区内重点交通枢纽和区外特定交通枢纽的公交快线；第二层是联通明珠湾区交通枢纽、重要功能组团、区外特定功能区的公交干线，重点联通南沙区级功能组团和明珠湾区功能组团；第三层是构造具有"线式运输"特征的低等级公交线路，主要服务明珠湾区内部各功能组团之前的公交联系。通过三层公交线路的建设，最终形成"点""线""面"结合、层次分明的城市公共交通网络。

1）公共交通快线

服务区间长距离公交出行：明珠湾区的公交快线主要功能是联系明珠湾区和南沙区各功能组团、广州市其他区的重点交通枢纽，以对外公交客流为主，结合城市主干道设置，要求串联客运枢纽和轨道交通枢纽等重要交通设施。公交干线通道包括环市大道、新广一路、凤凰大道、灵新路、

横沥大道。

　　快线是城市各级组团间及组团内部的主要客流走廊，在公交线网体系中起骨架作用。公交快线主要体现快速与高效，通过建立快速、便捷的公交联系，加快南沙新区对外辐射功能，方便南沙新区各组团间居民出行，特别是满足高峰期通勤客流的需求。

　　站距：仅停靠枢纽站及主要换乘站点。

　　通道：高快速路、交通性主干道。

　　功能：长距离跨组团，快速直达联系。

2）公共交通干线

　　指以起步区内部公交客流为主的公交通道，深入到起步区居住社区及商业、商务服务中心。服务区间及相邻组团间中距离公交出行；为大站快车运营模式；实现主要客流集散中心间中快速联系。公交干线通道包括蕉西路、金领南路、合兴路等（图6-2）。

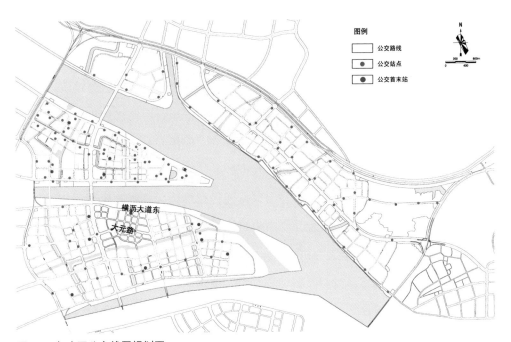

图 6-2 起步区公交线网规划图

图片来源：横沥岛尖——南沙横沥岛尖城市设计优化；灵山岛尖——南沙明珠湾起步区灵山岛 C1 单元城市设计、南沙明珠湾起步 C2 单元城市设计优化；蕉门河口片区、慧谷西区——广州南沙新区明珠湾区起步区控制性详细规划；作者拼绘

站距：原则上不大于800m。

通道：交通性及生活性主干道。

功能：临近组团间中距离联系；公交客流通道沿途集散。

3）公共交通支线

线式运输模式，汇集起步区四个组团内零散客流、与上层次线网接驳换乘，覆盖起步区四个组团内所有的客源点，主要目标是实现灵山岛尖、横沥岛尖两个组团内部人员的快速交往，属于起步区远期交通发展内容。支线的布设重点体现公交服务的方便性，一般可采用小型车，布置在支线上，方便居民使用，同时要与组团内公交换乘枢纽形成良好的衔接。

站距：不限，停靠沿途所有站点。

通道：次支路网、行驶主干道长度不超过线路本身长度的50%。

功能：提高覆盖，加密网络；与上层网络接驳。

6.3.2 公共交通站点组织

明珠湾起步区公交首末站建设紧靠客流集散点，且预留适宜的停车场地，使大多数乘客都处于以该站为中心的500m半径服务范围内，最远不超过800m的步行距离。大型首末站沿重要主干道一侧附近布设，出入口分开设置。大型首末站通过明确的辅助导引标志，避免复杂的人流和车流交叉干扰，提高公交的安全性。

明珠湾起步区内的中途站设置在公共交通线路沿途所经过的各主要客流集散点上。所有主、次干道上公交中途站在空间允许的条件下，采用港湾式停靠站，以减少对路段交通影响；港湾式停靠站的设计，根据公交车乘客流量、社会车道车流量、非机动车流量、道路断面形式、可用于建设的面积等因素选择适合的样式，不宜千篇一律。公交站点按功能，分为居住型、中心型、混合型及枢纽型四类。公交中途站的建设既方便换乘，又减少对路段交通影响，公交中途站服务半径不超过500～800m，以扩大服务范围，减少乘客步行距离。

1）居住型站点

在灵山岛尖 C1 单元居住区采用居住型站点，包括具有公共服务功能的社区中心、以居住为主的混合社区等。

居住型站点周边配套服务设施，结合站点做一体化综合开发，即围绕轨道交通站点布置商业服务设施、停车场（地面或地下）、公交站点及其他公共设施，构成社区中心，外围为商住混合用地和居住用地。通过完善的步行系统、自行车交通、接驳公交巴士为纽带组织各居住单元的交通，形成以慢行交通、P+R 和 B+R 为主的交通模式。强调"轨道站点——接驳公交站点"与"社区中心——居住单元"的空间结合，即交通与土地利用的互动开发。

其中围绕站点的社区中心包括商业设施、文化娱乐设施、学校、公共绿地，将居民的公共活动、出行、购物活动集中化，使轨道站点地区成为社区的公共活动中心（图 6-3）。

2）中心型站点

在灵山岛尖 C2 单元采用中心型站点建设模式，中心站点周边通常为商业区、办公区等城市公共活动中心，此站点周边建设密度最大，且需要良好的可达性与高峰疏散能力。

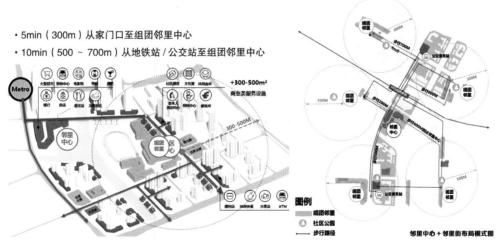

图 6-3　明珠湾起步区居住型公交站点示意图
图片来源：南沙明珠湾起步区灵山岛 C1 单元城市设计

站点周围布置商业、商务办公及文化娱乐设施，也可结合站点形成商业商务综合体，并布置部分酒店、公寓等设施，形成高密度的功能混合开发区。

站点内宜设置地下停车或立体停车楼，满足核心区在有限用地上的大量停车需求，站点周边布置公交车站，形成以步行、P+R 和 B+R 为主的交通模式。

3）枢纽型站点

沿 NS1 号线、15 号线、18 号线以及 NS2 号线建设枢纽型站点，枢纽型站点建设的特征是作为多种交通方式换乘区，以交通集散、换乘功能为主。

站点通常与城市大型交通设施如火车站结合布置，同时考虑多种交通方式的换乘与衔接，紧邻站点周围为占地较大的交通设施用地，包括交通广场、停车场、公交车站、出租车站等（图 6-4）。

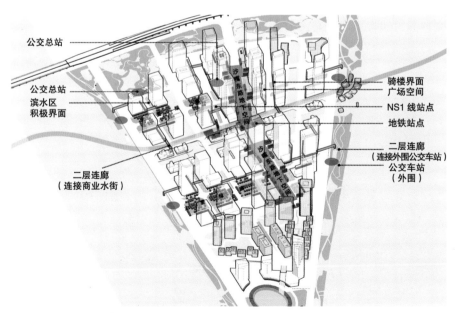

图 6-4 枢纽型公交站点与轨道交通站点的衔接示意图
图片来源：南沙明珠湾起步区 C2 单元城市设计优化

6.4 轨道交通系统建设

6.4.1 轨道交通总体布局

作为南沙新区主导的机动化出行方式，南沙新区轨道交通形成由对外快速轨道、组团间轨道和组团内部轨道三个层次组成的"环 + 放射"形轨道交通网络，为南沙新区居民出行提供多路径、多选择的公共客运服务。

其中，广州地铁十八号线连接广州东和南沙两大枢纽，是目前国内时速最高的地铁线，列车最高运行速度达 160km/h，将实现南沙自贸区至广州东站 30min 通达的目标。广州地铁 22 号线定位为广州南站快线，沿线经过南沙区、番禺区和荔湾区，自南向北依次连接了南沙新区万顷沙枢纽、番禺区的番禺广场、广州南站地区和荔湾区的白鹅潭地区，实现南沙、番禺、荔湾与广州南站的快速轨道交通联系，并增强广州南站的综合交通枢纽功能，对于将南沙新区打造为珠三角世界级城市群的枢纽型城市，支持南沙自贸区国家战略起着至关重要的作用。

对外快速轨道中布局在起步区内的城际轨道线路包括两条，即肇顺南城际和瑟洲支线南延线两条，采用大站快线建设模式，在明珠湾起步区设置一个站点。两条城际铁路使明珠湾区成为粤港澳大湾区重要枢纽区，实现明珠湾区与珠海、广州、肇庆等地的紧密连接（图 6-5）。

6.4.2 一体化交通站点设计

轨道交通站点与周围一定范围的地上、地面、地下空间协调开发，形成商业、商务办公、公寓居住、综合休闲、酒店餐饮综合存在的空间全方位开发模式。通过合理空间规划、功能开发，采用空间立体的组织方式整合各项城市功能，高效垂直利用空间为区域营造出舒适的步行空间，引进轨道交通带入的大量人流，为区域增添活力，实现"功能混合、立体复合、步行宜人"的愿景。[21] 利用地下空间安排行车、私家车的停车，特别是

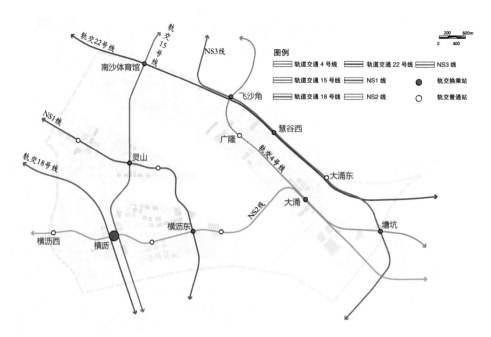

图 6-5 明珠湾起步区轨道交通规划图
图片来源：明珠湾起步区交通专项规划

商业／商务发展规划专用的上下车落客点，与地下停车系统紧密相连，和出租车停靠点相连，有效组织人车换乘。

6.5 慢行交通系统建设

6.5.1 步行空间组织原则

1）慢行系统与道路及环境的结合原则

　　滨水且具有良好生态环境，有建设慢行专用道的空间，可以结合景观的开发构建生态慢行道路；路幅较小、等级较低，且道路两侧具备一定的商业功能的道路，可结合两侧建筑形成骑楼慢行空间；路幅较大、等级较高，且符合人流主流向的城市道路下适宜建设地下商业街，构建舒适的空间尺度，增加步行的安全性。

2）步行系统与地铁站点的结合原则

地铁站集散人流主要集中在半径 800m 辐射范围内，明珠湾区地铁站点覆盖情况较好。区内可结合地铁站点建设地下商业街，满足集散需求。人流方向与滨水岸线贴合的位置，适宜构建地面步行空间。

3）慢行系统与居住区人流集散相结合的原则

为创造"钻石水城"的风貌特点，结合水城特质，构建结合地面道路两侧绿地和水域的地面慢行系统，结合风雨连廊、海绵工程等，为居住区打造任何天气、任何条件都可出行的慢行体系。

6.5.2 慢行空间塑造方式

依据城市发展经验，城市的品质与其慢行环境的塑造有着密切的联系，良好的步行系统将会为城市生活提供更为舒适的空间条件、为人与自然提供更为和谐的关联手段，同时，慢行为主导的出行模式也为低碳化、可持续化的城市发展方式提供了契机。明珠湾起步区力求构建一个通达便利，且可以适应各种特殊气候条件的慢行体系，使人们可以在各种条件下，采用更为低碳绿色的出行方式。目前明珠湾区为支撑区域慢行出行，构建了三种慢行空间。

1）生活慢行空间

传统岭南建筑空间布局符合本地气候特征，采用小尺度路网结合骑楼空间的方式，创造了一种尺度宜人、具有活力且可为人们提供遮阴避暑的全天候步行环境的城市空间形式。明珠湾起步区沿社区、办公、科研等功能区的城市支路布置慢行道路，部分区域结合岭南建筑特点，在小尺度街道两侧沿街建设骑楼、风雨连廊形式的步行空间，与建筑底层空间共同构建遮阴避暑的慢行方式（图 6-6）。

图 6-6 建筑骑楼连廊示意图
图片来源：南沙明珠湾起步区灵山岛 C1 单元城市设计

2）滨水慢行空间

　　明珠湾起步区沿上、下横沥水道、蕉门水道建设多级公共空间，结合南沙区绿道系统，将城市滨水公园、滨水慢行道有机衔接起来，形成了滨河慢道、商业水街等多种地域特色的慢行空间，在支撑区内慢行出行的同时，为居民创造舒适滨水游憩空间。

　　充分考虑南沙水网密布的地理特质。明珠湾起步区的滨水慢道着力将滨水景观与城市空间充分融合，通过闸口控制内河水位，在部分滨水地段形成地下一层空间的空间立面，优化地下区域的空间感受，同时增强滨水空间的多样化感受，通过立体手法打造高品质的步行与自行车环境（图 6-7）。

3）地下慢行空间

　　结合道路尺度较大、级别较高的城市道路的地下空间开发，将人流、车流流线进行综合考虑，利用开发的地下商业街、地下过道等空间，建设满足慢行的地下通勤空间，化解地面人车干扰，创造别样休闲慢行体验（图 6-8）。

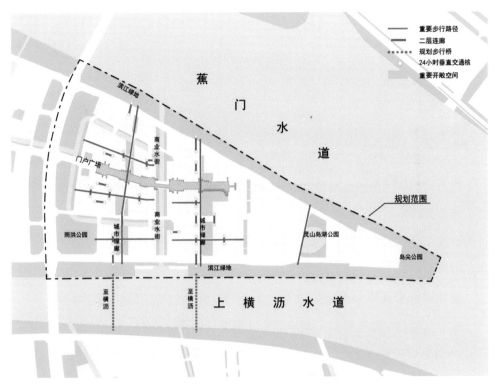

图 6-7 明珠湾区多模式的步行空间组织形式示意
图片来源：南沙明珠湾起步区 C2 单元城市设计优化

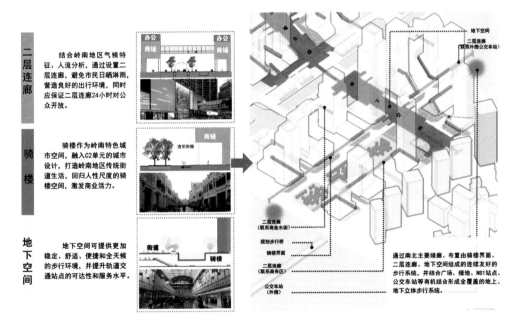

图 6-8 立体慢行空间开发示意图
图片来源：南沙明珠湾起步区 C2 单元城市设计优化

6.6 静态交通系统建设

6.6.1 机动车停车实施建设

1）停车场建设

　　明珠湾起步区内的公共停车设施按城市规划管理分为建筑物配建停车场、城市公共停车场两种类型。其中公共停车场主要结合轨道车站、公交首末站及客运码头等公交设施布置，为停车换乘提供支撑。建筑停车场主要是为住宅配套的停车场，商场、办公等公共建筑配套的停车库。

　　明珠湾起步区停车设施规划在大型公共设施和公共活动较为集中区域、轨道交通站点附近安排公共停车场。根据《城市综合交通体系规划标准》GB 51328—2018，按照城市人口规模来预测机动车公共停车用地总规模，以人均公共停车用地 $0.8 \sim 0.9m^2$ 为基准，分区差异化配置（图6-9）。

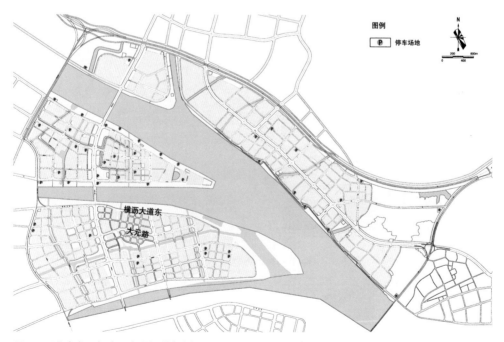

图 6-9 明珠湾区起步区交通设施规划图
图片来源：横沥岛尖——南沙横沥岛尖城市设计优化；灵山岛尖——南沙明珠湾起步区灵山岛 C1 单元城市设计、南沙明珠湾起步 C2 单元城市设计优化；蕉门河口片区、慧谷西区——广州南沙新区明珠湾区起步区控制性详细规划；作者拼绘

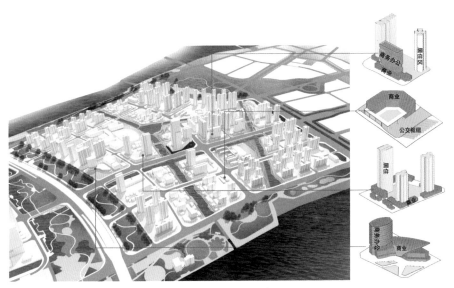

图 6-10 明珠湾灵山岛片区社区空间立体混合开发示意
图片来源：南沙明珠湾起步区灵山岛 C1 单元城市设计

　　根据明珠湾起步区地下公共空间总体布局和地上城市开发功能将地下功能地块划分为综合功能、复合功能和一般功能，如图 6-10 所示。综合功能包括地下商业、公共服务和配套停车等，区位上临主干通道；复合功能地块的地面开发功能以商业商务为主，地下进行配套；一般功能地下停车为主，配套部分其他功能。

2）停车场管理

　　提升停车资源管理技术，按照方便使用、注重引导、人性化服务的要求，加快建设完善的城市停车设施标识和收费系统，要充分利用现有资源，结合数字化城管系统、城市交通信息系统建设，积极建设城市停车信息服务平台，整合停车资源，大力建设城市停车信息诱导系统。通过建设智慧停车系统，对进出停车场的停泊车辆进行有效引导和管理，实现泊车者方便快捷泊车，并对车位进行监控，使停车场车位管理更加规范、有序，提高车位利用率；车场中车位探索采用超声波检测技术，对每个车位的占用或空闲状况进行可靠检测，明珠湾起步区机动车停车设施配建标准建议详见表 6-2。

明珠湾起步区机动车停车设施配建标准建议　　表 6-2

建筑物类型	分类（等级）	计算单位	
住宅类	商品房、自建住房	泊 /100㎡ 建筑面积	
	公租房	泊 /100㎡ 建筑面积	
	宿舍	泊 /100㎡ 建筑面积	
宾馆类	酒店、宾馆	泊 /100㎡ 建筑面积	
	招待所	泊 /100㎡ 建筑面积	
办公类	行政办公	泊 /100㎡ 建筑面积	
	商务办公	泊 /100㎡ 建筑面积	
文化类	影剧院	泊 /100 个座位	
	会议中心	泊 /100 个座位	
	博物馆、图书馆	泊 /100 ㎡ 建筑面积	
	青少年宫	泊 /100 ㎡ 建筑面积	
	展览馆	泊 /100 ㎡ 建筑面积	
体育类	体育场馆	泊 /100 个座位	
医院类	综合医院、专科医院	泊 /100㎡ 建筑面积	
	独立诊所	泊 /100㎡ 建筑面积	
	疗养院	泊 /100㎡ 建筑面积	
学校类	幼儿园、小学	泊 /100㎡ 建筑面积	
	中学	泊 /100㎡ 建筑面积	
	大、中专院校	泊 /100㎡ 建筑面积	
游览类	文物古迹、主题公园	泊 /10000㎡ 占地面积	
	一般性城市公园、风景区	泊 /10000㎡ 占地面积	
交通枢纽类	汽车站	泊 /1000 名设计旅客容量	
	客运码头	泊 /1000 名设计旅客容量	
	轨道交通车站	一般站	泊 /100 名远期高峰小时旅客
		换乘站	
		枢纽站	

鼓励个人、法人或者其他经济组织投资建设、开办停车场，在规划建设过程中，根据地块周边情况配建农贸市场、商业娱乐设施，并将农贸市场、商业娱乐设施的经营权交由停车场建设企业经营。开放公共空间的停车场，如商务办公、政府机构、学校等公共建筑的停车场地，可以在周末或者放假的时间，开放共享停车资源，以满足群众的停车需要。当然在开放停车资源的过程中，必须坚持市场化的原则，要收取一定的费用。

6.6.2 自行车停车设施建设

明珠湾起步区自行车停车设施布设点主要分为四个层次。第一层次自行车停车布设点与起步区交通枢纽相结合，主要是通过慢行方式与交通枢纽换乘；第二层次自行车停车布设点与公共交通首末站、公交站点相结合，主要目的是满足慢行交通与公共交通之间的联系需求；第三层次自行车停车布设点在起步区居住社区内部，目的是满足社区内部的对外慢行交通需求；第四层次自行车停车布设点布设于部分道路路段中、旅游景点附近，目的是服务休闲旅游慢行交通需求。自行车停车设施布设层次详细内容见表 6-3。

自行车停车设施布设层次 表 6-3

层次	布设点	功能	规模
第一层次	与交通枢纽结合	服务慢行交通与对外交通的换乘	200 辆／个
第二层次	与公共交通首末站、公交站点结合	服务社区内部与公共交通结合的慢行交通需求	60～80 辆／个
第三层次	布设于社区内部	服务社区内部的对外慢行交通需求	20～30 辆／个
第四层次	布设于部分道路路段中、旅游景点附近	服务休闲旅游慢行交通需求	10～20 辆／个

自行车停放设施布局原则：停放点尽可能分散布置，且靠近目的地，充分利用支路、街巷空地设置；避免停放点出入口直接对接交通干道；按照小规模、高密度的原则进行设置，服务半径不宜大于 50m；轨道车站、交通枢纽、广场等周边应设置路外自行车停放点，服务半径宜不大于 100m，以方便自行车驻车换乘或抵达；路侧自行车停放区应充分利用设施带或绿化带划定专门用地设置，不得占用人行道，干道交叉口周边30m 区域内以及支路交叉口路缘石弧形区域内不建议设置路侧停放区；在路段中部设置自行车停放区应结合公交车站，同时与地块出入口保持合理间距。

6.6.3 过街设施建设

1）地上过街设施

过街设施布局一方面要满足行人的过街需求，减少绕行，体现人性化要求，路口采用半径转弯，右转机动车强制减速后再缓慢转弯，保障行人过街安全，同时减少过街距离。路缘石半径根据道路功能区别对待，控制在 3 ~ 10m，明珠湾起步区路口路缘石半径适用情况详见表 6-4。

明珠湾起步区路口路缘石半径适用表　　　表 6-4

道路功能	交通性道路（干道）/m	生活性道路（含公交专用道）/m	支路/m	步行和自行车专用道 /m
交通性道路（干路）	10	8	5	3
生活性道路（含公交专用道）	10	8	5	3
支路	5	5	5	5
步行和自行车专用道	3	3	3	3

明珠湾起步区内采用平面过街设施，因河涌、地势等造成物理高差难以实现平面过街时，采用立体过街设施，同时设置自动扶梯等人性化设施。

连续、平整、防滑，满足无障碍通行需求及海绵城市建设等相关要求，且应设置配套的标志标线。

明珠湾起步区平面行人过街设施结合公交站点布设时应保持一定距离，防止公交车在行人过街横道前排队；同时由于公交车体积较大，很容易阻挡其左侧机动车司机和右侧过街行人的视线，保持一定距离也可以防止交通事故的发生，保障安全。

在道路机动车车道宽度过大时，设置行人二次过街设施；当行人穿过半幅路时，安全驻足区给行人明确的空间占用权，为其提供静止等待下一次穿过剩余半幅路的机会。无中央分隔带时利用栅栏形成安全驻足区，有中央分隔带利用中央分隔带形成安全驻足区和错位人行横道。

2）地下过街设施

明珠湾起步区内建设多条轨道交通，同时开发建设综合管廊，空间集约性理念得到了很好的落实。为了保障行人过街安全，结合地下空间的开发利用，在轨道交通站点周边结合地下商业的开发，设置地下步行道路。

以横沥岛为例，在开发过程中以地铁站点为核心，沿大元路和横沥中路形成东西向地下步行主通道，组织街坊地下商业等公共活动功能，对活动者起到引导作用，同时衔接各个街坊地下步行商业公共通道；步行公共通道宽度控制在 10m 以上，统筹考虑与周边地铁地下空间的关系，保证其与周边地下空间商业等公共活动功能良好的衔接。步行商业公共通道局部可结合街坊公共通道设置垂直交通或下沉广场，在不影响地面步行空间连续性和完整性及应急车辆通行的基础上，顶面局部可采用玻璃等通透性良好的材质，以利于自然采光。

次要人行通道包括新联路和新北路段，主要联通大元路和横沥中路地下步行道。根据交通要求设置过中轴涌通道，形成南北向步行次通道，解决过街人行联系，保证步行系统的完整性，出入口结合绿地设置。次要步行通道宽度在 6m 以上，出入口结合两侧街坊通道及步行系统设置。次要步行通道标高根据市政道路管线布置情况确定，与两侧街坊地下空间整体开发相协调，保障良好的衔接，层高控制在 3m 以上（图 6-11）。

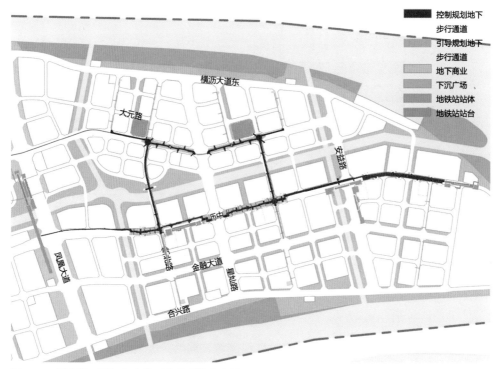

图 6-11 明珠湾区横沥岛尖地下人行系统方案图
图片来源：广州市南沙新区灵山、横沥岛尖地下空间开发利用规划

6.6.4 打造无人驾驶示范工程

明珠湾区建设对标世界先进城市，在智慧城市方面大力建设智慧城市基础设施，构建更加高效的智慧城市管理和服务平台，打造"智慧南沙"的先行示范区。

2017 年 10 月 16 日，由广州南沙开发区管委会与北京小马智行科技有限公司（以下简称"小马智行"）签订《小马智行全国总部项目投资协议》，将顶级智能驾驶公司小马智行引进南沙区，为南沙智能驾驶产业发展奠定良好基础，同时也亟需在南沙建设配套支持智能驾驶技术应用发展的基础设施和支撑平台。因此，南沙已将智能驾驶及其示范应用推广列入了人工智能产业的重点发展领域（图 6-12）。

在最新发布的《广州南沙人工智能产业发展三年行动计划（2018—2020 年）》中明确提出，由明珠湾管理局为牵头单位之一，负责"创建

图 6-12 灵山岛尖小马智行项目示范现状
图片来源：广州南沙新区明珠湾开发建设管理局

智能网联汽车与智慧交通示范区"和"提高城市治理管理水平"的工作。目前，明珠湾灵山岛尖已经完成城市基础设施建设，位于明珠湾开发展览中心的灵山岛尖智能驾驶示范段已建成并投入使用。在灵山岛尖道路交通等市政相关基础设施，以及现有城市管理应用系统和数据资源的基础上，搭建具有技术创新性和前瞻性的灵山岛尖智能驾驶示范段支撑系统，用于智能驾驶示范段的信息采集应用及可视化管理，以尽快在明珠湾区实现以智能驾驶为代表的人工智能应用示范环境建设落地，同时探索为智能城市建设和运营、城市治理管理水平提高提供思路指引和经验支持，带动明珠湾区新一代智慧交通体系的建设。先行示范新的城市交通运行模式，吸引更多国内外顶尖智能驾驶产业的上下游企业落户南沙，加快培育人工智能新技术产业链条，同时充分展示南沙区人工智能产业发展成果，形成南沙人工智能产业新高地（图 6-13）。

通过应用物联网、大数据和人工智能为代表的新一代信息技术，灵山岛尖探索出基于道路基础设施的智能驾驶信息采集应用和展示支撑技术，并整合现有的城市管理应用系统和数据资源，搭建明珠湾区灵山岛尖智能驾驶示范段支撑系统（图 6-14）。

此外，基于明珠湾区灵山岛尖智能驾驶示范段支撑系统，实现高效的人车路协同和跨域信息联通，展示多种典型场景下的人车路协同、信息互联互通的智能驾驶技术，初步打造一个服务于智能驾驶示范应用的展示体验环境。

图 6-13　智慧驾驶系统总体框架图

图片来源：广州南沙人工智能产业发展三年行动计划（2018 ～ 2020 年）

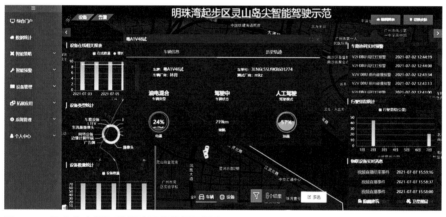

图 6-14　灵山岛尖段智能驾驶示范段展示平台

图片来源：广州南沙人工智能产业发展三年行动计划（2018 ～ 2020 年）

第 7 章　高质量的绿色建筑

7.1 广东省绿色建筑发展概况

2020 年 11 月 27 日，广东省第十三届人民代表大会常务委员会第二次会议通过《广东省绿色建筑条例》[23]，自此广东省绿色建筑发展进入立法化阶段。《条例》要求县级以上人民政府应当推动绿色建筑发展，将其纳入国民经济和社会发展规划，制定相应的政策措施，明确发展目标，并将目标完成情况作为政府考核的主要内容。

2021 年 6 月，《广东省绿色建筑发展"十四五"规划》提出，到 2025 年，全省城镇新增绿色建筑中一星级及以上绿色建筑占比超过 30%，完成既有建筑节能绿色改造面积 2600 万 m^2 以上，建设岭南特色超低能耗及近零能耗建筑 200 万 m^2，装配式建筑占当年城镇新建建筑面积的比例达到 30%，全省新增太阳能光电建筑应用装机容量 1000MW，太阳能光热建筑应用集热面积 300 万 m^2 以上，散装水泥使用率达到 75% 以上，预拌混凝土企业绿色生产全面达标，新型墙材在城镇新建建筑中得到全面应用，绿色建材应用比例大幅提升[24]。

2021 年 1 月广州市城建领导小组关于《明确绿色建筑标准执行的有关事项》的通知要求 2021 年 1 月 1 日起，新立项的民用建筑（含工业用地范围内用于办公、居住等民用建筑功能的建筑）应当按照《绿色建筑评价标准》GB/T 50378—2019 基本级或以上进行建设，其中政府投资公益性建筑和大型公共建筑应当按照二星级及以上绿色建筑标准进行建设；建筑面积大于 10 万 m^2 的居住小区按照一星级及以上绿色建筑标准进行建设[25]。

广州市南沙区人民政府办公室在 2017 年 4 月 1 日印发《关于印发广州市南沙区绿色建筑与建筑节能工作指导意见的通知》，提出明珠湾起步区作为绿色建筑发展 I 类地区，绿色建筑发展目标为，至 2020

年，新建民用建筑 100% 推行绿色建筑，其中三星级 10%，二星级及以上 50%；远期发展要求到 2025 年，三星级达到 20%，二星级及以上达到 60%[26]。

广州市南沙区人民政府 2019 年 8 月 8 日印发《关于印发南沙区创建绿色发展示范区工作方案的通知》，提出建设南沙绿色发展示范区，优化城市生活、生产和生态空间，提升环境质量，发展绿色建筑和绿色交通，营造绿色生活和绿色文化，到 2030 年建设成为国际一流水平、具有全球竞争力的绿色发展示范区。

明珠湾起步区在绿色建筑方面，建立"技术＋管理"绿色建筑全生命周期双效支撑工作机制，全面推进明珠湾起步区绿色建筑的发展，为区域使用人员提供健康、高效、舒适的建筑空间。

7.2 发展目标及路径

7.2.1 顶层规划——绿色生态指标体系

结合明珠湾起步区特点特色、城市建设方向、绿色生态建设要求等方面，遴选适宜明珠湾起步区同时具有指导性的绿色生态指标，总体引领明珠湾区起步区绿色生态建设工作，对指标的具体数值给出量化指导，形成绿色生态城区的指标体系——"低碳节能、绿色生态、科技智慧、岭南特色"四类 23 个指标，更加具体地指导绿色建筑落地，从而引导绿色建筑区域建设。其中，在低碳节能中提出绿色建筑指标，二星级及以上绿色建筑比例 ≥ 50%，一星级及以上绿色建筑比例 100%[27]。与绿色建筑相关指标详见表 7-1。

明珠湾起步区绿色建筑相关指标 表 7-1

总体目标	编号	控制指标	指标说明	指标单位	指标值	衔接规划
低碳节能	1	绿色建筑比例	起步区内达到绿色建筑评价标准要求的项目建筑面积占起步区新建建筑总面积的比例	%	二星级及以上绿色建筑比例 ≥ 50	绿色建筑专项规划
					一星级绿色建筑比例为 100	
	2	装配式建筑比例	起步区新建建筑中符合国家《装配式建筑评价标准》要求的装配式建筑面积占新建建筑总面积的比例	%	≥ 60	装配式建筑和建筑产业现代化发展规划
	3	可再生能源利用率	起步区可再生能源应用量占建筑总能耗的比例	%	≥ 8	能源专项规划
	4	人均公园绿地面积	起步区每个居民平均占有公园绿地的面积	m^2/人	≥ 10	绿地专项规划

7.2.2 中层衔接——绿色建筑专项规划

根据省市区绿色发展的政策要求，结合南沙新区总体规划、明珠湾起步区控制性详细规划等上位规划，考虑各地块区位、功能定位、周边配套、建设规模等规划条件，综合进行绿色建筑星级定位，从而在宏观层面把控区域的绿色建筑星级比例，在规划阶段为绿色建筑建设提供指引，将绿色建筑作为专篇纳入控规中，从控规层面把绿色建筑的理念融入明珠湾起步区发展建设中，推动绿色建筑建设法定化，为绿色建筑的区域化发展保驾护航。以绿色建筑星级布局为参考，将绿色建筑星级指标纳入规划设计条件中，作为土地出让或划拨的条件之一，实现规划建设无缝衔接。

7.2.3 底层管控——绿色建筑全过程管控

结合明珠湾管理局具体职能，建立"技术＋管理"绿色建筑全生命周期双效支撑工作机制，为全面推进明珠湾起步区绿色建筑区域化发展提供切实保障。

在技术方面，建立健全绿色建筑标准体系，形成可实践、可操作的导则和指南。覆盖规划、方案设计、施工图设计、绿色施工、竣工验收、运行维护等各个环节[28]，[29]。目前，绿色建筑星级布局、设计导则、技术体系、施工指南已经通过专家评审并发布试行稿，以供地块建设单位参考实施；后续可根据地块建设单位反馈情况，积累经验，不断完善绿色建筑标准体系。

在管理方面，制定绿色建筑全过程管理审批办法，在具体项目立项、土地出让、规划设计、建设及运营等环节建立封闭的监管，引入第三方咨询机构，按照区域基本建设程序，在各个关键环节进行把关，形成发改、国土、规划、住建等各部门联动工作机制。保证绿色建筑要求从立项到运营的全管理流程的落实与监管，实现区域百分百绿色建筑，高星级绿色建筑比例达到82%，参与绿色建筑施工抽查、验收，并向地块建设单位定期进行绿色建筑推介。按照区域基本建设程序，绿色生态总师制度在关键环节进行把关。

7.3 绿色建筑实施策略

7.3.1 规模化发展绿色建筑

1）鼓励新建建筑全部落实绿色建筑标准

在起步区建设初期，全面实施新建建筑能效提升工程，保障初期建设过程中新建建筑节能、节水、节地、节材和环保水平得到明显提高。深入贯彻《广州市绿色建筑和建筑节能管理规定》要求，新建建筑全部按照一星级及以上绿色建筑强制性标准进行建设。同时，积极推动高星级绿色建筑的建设，国家机关办公建筑和政府投资或以政府投资为主的其他公共建筑全面按照二星级以上绿色建筑标准进行规划、建设和运营，并积极争取三星级绿色建筑。鼓励其他公共建筑和居住建筑按照二星级以上绿色建筑的技术要求进行建设。

2）实施绿色建筑全过程管理

以新建绿色建筑为基础，加快建立绿色建筑全生命周期管理体系，细化项目立项、土地出让、建设用地规划许可、设计招标、建设工程规划、施工图审查和竣工验收等关键环节的相关标准与技术指引内容，提出全方位发展绿色建筑针对性要求，在各阶段深入贯彻落实绿色建筑标准的监管和审查要求，有效实现绿色建筑规划、设计、施工、竣工验收、运营等全过程管理。

7.3.2 实现资源与能源的集约化利用

1）推进可再生能源建筑应用

提高起步区可再生能源在建筑领域的消费比重，加快可再生能源建筑一体化运用，可再生能源设施应与建筑工程同步设计、同步验收、同步投入使用，实现设施与建筑和环境的有机协调，保障建筑结构和产品使用安全，提高群众居住生活的舒适度。新建居住建筑和国家机关办公建筑、政府投资或以政府投资为主以及总建筑面积 10000m^2 以上的其他公共建筑，按照国家和省有关标准优先利用可再生能源。加强起步区新建建筑与各类试点示范项目的有机结合，因地制宜地推进太阳能、空气能等可再生能源在新建建筑中的规模化应用。

2）推广建筑废弃物综合利用

减少建筑垃圾，提高建筑材料使用效率，不断提高建筑废弃物综合利用水平，加快建筑垃圾减量化和资源化进程。谋划建立建筑废弃物综合利用产品标识制度。将经专业检测机构检测、质量合格的建筑废弃物综合利用产品列入推荐使用的建筑材料目录、政府绿色采购目录，促进规模化使用。在政府投资的城市公用设施、公共建筑建设和市政项目中，优先采用建筑废弃物综合利用产品。在新型墙体材料核定中优先支持建筑废弃物综合利用产品，及时组织编制建筑废弃物综合利用产品的技术导则、设计标准、图集和施工与验收规范。在设计环节要优先采用建筑废弃物综合利用产品。

3）推进建设工程绿色施工

严格执行《建筑工程绿色施工规范》GB/T 50905—2014[30]等文件规定，强化对施工现场节电、节水以及污水、污泥、扬尘、噪声污染排放管理。施工单位制定并实施保护环境的具体措施，控制由于施工引起的各种污染及对场地周边区域的影响。采取施工现场道路硬化和裸露场地固化等措施切实控制施工扬尘。控制渣土车等工程车辆对城市环境造成的影响。加强建筑施工安全文明标准化管理，提高安全生产和文明施工管理水平，减少生产安全事故，落实"绿色施工示范区"的工作任务。

7.3.3 提升绿色建筑能力建设

1）健全绿色建筑标准体系

绿色建筑发展是一项长久性的系统工程，在提高全社会认知的同时，建立符合起步区绿色建筑可持续发展的完整支撑体系，对于起步区绿色建筑快速、健康发展意义重大。分析适宜南沙新区地域特色和资源条件的绿色建筑技术，建立绿色建筑适宜技术库，编制绿色建筑设计技术导则。结合国家和广东省绿色建筑评价标准，制定绿色建筑评价技术导则或细则，为各级主体提供绿色建筑评价依据。制定绿色建筑施工技术指南，对施工过程中环境保护、绿色建筑技术落地、资料储备提出要求。

2）加大技术研究与应用

围绕节能、节地、节水、节材、保护环境等方面的发展要求，加大技术研究支撑力度，加快绿色建筑与建筑节能关键技术突破与配套技术研发，逐步建立本土化的绿色建筑技术集成体系，为发展具有自身特色的绿色建筑奠定扎实的技术基础。

3）培育绿色节能产业

倡导绿色建材使用，淘汰落后、高能耗材料，积极推广运用安全耐久、节能环保、施工便利的绿色建材，加快发展和应用新型墙体材料。通过起步区的绿色建筑建设，带动周边区域建立建筑节能与绿色建筑技术、建材产品的研发、生产和应用综合基地，不断延伸绿色节能产业链，加快建材企业转型升级步伐，切实提高企业的经济效益，促进绿色节能产业规模化发展。

4）推广绿色物业管理

在建筑使用过程中融入绿色建筑、可持续发展理念，加快开展绿色物业管理与绿色运营工作，推行绿色物业管理技术规范和标准，大力推广楼宇智能化、节能照明、供水等方面的技术、产品和商业运营模式，探索建立绿色物业管理、节能管理、节水管理、垃圾减量分类管理、绿化管理、污染管理等制度，结合不同物业项目的类型特点，及时开展多形式、多渠道、有针对性的绿色物业管理宣传，不断增强绿色物业管理意识能力。开展绿色物业管理试点示范工作，引导绿色建筑使用者积极支持和参与绿色物业管理，共同构建绿色节能低碳起步区。

7.4 绿色建筑重点示范

7.4.1 南沙青少年宫

1）项目概况

南沙青少年宫作为南沙新区首批新建建筑，是南沙新区明珠湾片区首座绿色建筑三星级建筑低能耗智慧场馆。

南沙青少年宫位于广州市南沙区黄阁镇凤凰大道西侧，蕉门水道北侧。

图 7-1　南沙青少年宫

用地面积 30036m²，建筑面积 59509m²，其中地上建筑面积 46046m²；地下建筑面积 13462m²。项目建筑密度 38.5%，绿地率 35%。设有机动车位 313 辆，非机动车位 1170 辆（图 7-1）。

2）项目定位

南沙青少年宫把握当下国际先进儿童教育理念发展趋势，抓住粤港澳大湾区建成绿色、宜居、宜业、宜游的世界级城市群的机遇，体现南沙作为广州城市副中心、粤港澳大湾区城市群核心门户城市的定位，凸显新时代"创新、科技、环保、智能"等主题，构筑以粤港澳青少年交流为主题，融综合协调、信息服务、资源支持、实施服务等各类功能为一体的工作阵地，立足为广州南部地区、粤港澳大湾区乃至国际青少年儿童成才服务。

南沙青少年宫旨在打造面向粤港澳大湾区的综合性、示范性国际青少年交流活动平台。项目融合素质教育、科技体验、对外交流、文化休闲、团队活动等多元化功能，致力于给青少年儿童提供最好的校外教育，使更多的青少年感受更先进的文化，引导青少年课余文化活动的健康深入发展。

（1）依托新区，意义突出

作为南沙自贸区的重点项目之一，旨在构建具有粤港澳青少年特色的现代化综合性、示范性国际青少年交流活动基地。

（2）功能特殊，责任重大

为实施科教兴国战略、提高青少年综合素质，抓住粤港澳大湾区建成绿色、宜居、宜业、宜游的世界级城市群机遇，将南沙青少年宫建设成为"国际领先、国内一流"的文化设施精品，从建筑角度提升服务水平，助力新区建设。

（3）先试先行，示范引领

南沙新区坚持世界眼光、国际标准、中国特色、高点定位，坚持生态优先、绿色发展，理念的落地需要以实际项目作为载体，并通过实际运行效果进行验证。南沙青少年宫围绕"绿色生态、低碳节能、智慧城市、岭南特色"的规划设计理念和"国际化、高端化、精细化、品质化"的标准进行设计，作为先建项目，致力于打造整个新区绿色建筑发展的标杆，做好示范引领。

南沙青少年宫致力于建设具有国际领先水平的青少年活动场馆，作为明珠湾片区核心标杆，青少年宫在技术上不仅对标国内先进案例，而且力求与国际接轨，未来的南沙青少年宫将是：

● 向青少年推广宣传绿色低碳理念的绿色窗口、生态载体。

● 面朝大海的中国南海特色化绿色名片、低能耗风向标。

● 一座多维度自由交融的现代智慧化场馆。

3）技术亮点

项目以"协调的生态本底修复、主被动统筹整合、BIM装配式建造、人与建筑和谐共生、大数据智能管理"为设计目标，最终实现绿色建筑三星级设计目标，打造南沙新区首个绿色教育推广展示基地，为广大青少年提供健康、舒适、和谐、生态的学习环境。

　　根据项目实际情况并结合绿色建筑星级要求，主要从五个方向出发分别做出具体量化要求，详见表 7-2。

南沙青少年宫绿色建筑量化指标表　　　　表 7-2

内容	指标类别	指标要求
协调的生态本底修复	场地年径流量控制率	≥80%
	绿色雨水基础设施覆盖率	≥30%
主被动统筹整合	透光围护结构太阳得热系数	降低 10%
	冷热源机组	冷水（热泵）机组提升 6%
		多联式空调（热泵）机组提升 8%
	节能电梯使用比例	100%
	太阳能提供生活热水比例	≥80%
	变压器	SCB11 以上级别
BIM 装配式建造	装饰性构件比例	≤0.5%
	建筑信息化建造	100%
	灵活隔断比例	≥80%
	土建工程与装修工程一体化设计比例	100%
人与建筑和谐共生	直饮水覆盖率	100%
	地下车库一氧化碳浓度	≤1000ppm
	室内噪声	高限与低限平均值
大数据智能管理	建筑能耗监测	100%
	室内空气参数监测	100%
	建筑设备智慧运营	100%

7.4.2 灵山岛尖九年一贯制学校

1）项目概况

　　项目位于广州市南沙新区明珠湾起步区灵山岛尖江灵南路以北，沙嘴中路以南，庙南路以东，凤凰大道以西。总用地面积 70896m²，总建筑面积 73580.84m²，其中地下建筑面积 9580.68m²，建筑密度 26.4%，绿地率 35.7%。项目设有机动车位 113 辆，非机动车位 2223 辆。项目地上 5 层，局部地下 1 层（图 7-2）。

图 7-2 灵山岛尖九年一贯制学校

2）项目定位

定位为广州市一级九年一贯制学校，在实现其基本教育功能的基础上，努力实现教与学从两方面向多元化的方向发展，实现环境、资源、活动的全部数字化、智能化，实现教育过程的全面信息化，提高教育管理水平和效率，提高师生环境素养并体现南沙及学校的文化积淀。

3）技术亮点

本项目解决的主要技术问题包括：

（1）降低建筑能耗

项目对建筑围护结构设计进行了优化：通过优化保温材料及遮阳设施等，项目建筑负荷降低幅度达到 10%。

（2）高效冷热源系统

本项目多功能、学术报告厅、行政楼、食堂、游泳馆附属用房采用多联变频空调系统；篮球馆采用屋顶式空调机组中央空调系统；泳池采用空气源热泵中央空调系统；办公室、实验室、教室、门房采用分体空调系统。机组性能提高幅度达 8%，满足要求。

（3）非传统水源的利用

项目采用雨水收集处理系统。收集屋面雨水，经处理后用于室外绿化灌溉、道路浇洒。项目全年使用非传统水源量为 $7386.51m^3$，全年总用水量为 $74026.79m^3$，非传统水源利用率为 9.98%。

（4）合理绿化

项目通过大面积的绿化对场地环境进行改善，绿地率达到 35.7%，同时项目设置屋顶绿化面积为 $3290m^2$，占可绿化的比例需达到 34.08%。种植采用适应广州气候和土壤条件的植物，并采用乔、灌、草相结合的复层绿化形式。

（5）年径流总量

项目场地雨水可通过屋面、道路、绿地等进行有效入渗，减少雨水外排量，另外，项目设置雨水收集系统。本项目总用地面积为 $70896m^2$，其中屋面面积为 $18716.54m^2$（其中屋顶绿化面积 $3290m^2$），绿地面积 $25340m^2$（其中下凹式绿地面积为 $13665m^2$，调蓄雨水深度 100mm），硬质道路面积为 $26839.46m^2$，其中透水铺装面积为 $24276m^2$，场地综合径流系数 $0.435m^2$。经计算，本项目的年径流控制率大于 70%。

7.4.3 中山大学附属第一（南沙）医院

1）项目概况

中山大学附属第一（南沙）医院位于南沙区明珠湾起步区横沥岛尖西侧，规划病床数 1500 张，项目占地面积 $155934m^2$，总建筑面积 $498818m^2$，其中地上建筑面积（计容面积）$326450m^2$，地下建筑面积（不计容面积）$172368m^2$（图 7-3）。

2）项目定位

中山大学附属第一（南沙）医院聚焦粤港澳大湾区战略和行业发展需求，建设高水平的医疗服务和医学科技创新平台，促进医、教、研协同发展，为南沙优先提供优质医疗服务，带动南沙新区医疗服务水平整体提升，

图 7-3 中山大学附属第一（南沙）医院效果图
图片来源：广州市南沙区建设中心

成为与粤港澳大湾区建设与发展相配套、辐射粤港澳乃至东南亚的高水平三级甲等综合医院。

3）技术亮点

医院部分的供电系统节能设计按照绿色建筑评价标准中的要求进行设计，可有效节约能源，实现能源的综合利用。项目的给排水系统设计方案经济、实用、环保，体现绿色节能、可持续发展的要求。项目采取的建筑节材措施与运营管理措施可满足绿色建筑评价标准对建筑节能的相关标准。

医院为达到绿色建筑所采用的新技术或所增加的建设项目主要包括：配置建筑设备监控系统，对设备及其系统进行一般性的节能运行调节；在满足医疗流程和功能的前提下，分区域、分时间段实行有效的人工照明控制；设置信息化系统，实现医疗数据网络传输；充分利用太阳能，考虑利用太阳能热水器；回收屋面雨水等等措施。根据《绿色医院建筑评价标准》GB/T 51153—2015 从场地优化与土地合理利用、节能与能源利用、节水与水资源利用、节材与材料资源利用、室内环境质量五项指标对本项目建筑全寿命期各性能进行综合评价。

7.4.4 灵山岛尖公交站场

1）项目概况

本项目位于广州市南沙新区明珠湾起步区灵山岛尖，雨洪公园的东侧，东临飞沙路，其余三面均临雨洪公园。项目总用地面积 3581m²。建设用地占用雨洪公园东侧部分场地，现状为公园用地。

该建筑地上 2 层，无地下室，首层层高 5.4m，二层层高 5.25m，建筑高度 12m。总建筑面积 1352.4m²，计容建筑面积 784m²（单位面积能耗指标均以计容面积为准），首层雨棚面积 568.4m²。建筑体形系数 0.38。结构形式为钢筋混凝土框架结构（图 7-4）。

图 7-4 灵山岛尖公交站场效果图
图片来源：南沙新区明珠湾区起步区公交站场设计方案

2）项目定位

南沙新区明珠湾起步区一期（灵山岛尖）公交站场项目，是广州市南沙新区明珠湾灵山岛片区贯彻落实绿色生态建设理念，坚持节能、科技原则，打造"近零能耗"绿色低碳建筑的重要示范项目。它是广州市第一座通过近零能耗认证的建筑，为近零能耗建筑在夏热冬暖地区的实现起到了探索和示范作用，同时该建筑也按照绿色建筑二星级认证标识标准建设。2021 年 9 月建成后，将安排 3 条公交线路从这里首发，为南沙市民低碳绿色出行提供交通便利。

3）技术亮点

（1）节能技术

遵循"被动优先，主动优化，可再生能源就地规模化应用"的原则，充分挖掘建筑节能潜力，实现近零能耗目标。

● 被动式技术

建筑设计方面，外墙、屋面均采用浅色涂料。首层、二层均设置贯穿南北方向的走廊，各房间分别设置于走廊两侧。首层外门设置于走廊南侧及西北侧尽头，二层走廊在南侧及北侧设置可开启外窗。人员长期停留的功能房间，也均设置可开启外窗，具备利用自然通风的条件。外窗选用高性能 Low-E 三银超白中空玻璃，有效降低空调能耗，又可充分利用自然采光。该建筑与公交车雨棚一体布置，雨棚将建筑完全覆盖于下方，除挡雨外，还具备固定外遮阳的作用，有效降低空调能耗。

围护结构热工设计方面，为满足近零能耗标准，通过模拟仿真，最终确定了外墙、屋面、外窗（含透光幕墙）、底部接触室外空气的架空或外挑楼板等围护结构的优化做法。电气房间与人员长期停留房间隔墙采用双墙、楼板设置隔声楼面，其中内贴保温材料经能耗模拟可有效阻隔热量及噪声向其他房间蔓延。

场地景观设计方面，项目位于雨洪公园内，微环境宜人。利用广东本地气候温润、植物茂盛的优势，在建筑尤其玻璃幕墙周边设计大量高大、具备遮阳功能的乔灌木，如粉单竹、细叶黄杨、花叶芦竹，降低空调能耗。

热桥处理方面，建筑外墙、屋面保温材料均采用岩棉板，屋面采用内保温，结构梁柱保温层确保与屋面其他部位保温层连续。考虑建筑整体外形效果，结构柱保温层也采用内保温形式，其内保温边界与墙面主体外保温边界确保搭接。穿墙管预留孔洞直径大于管径 100mm 以上，墙体结构与管道之间填充保温材料。

● 主动式技术

全楼功能房间设置变频多联机作为空调冷源，其 IPLV（C）为 8.8，COP 为 3.72，其中室外机放置于二层室外空调平台。首层各电气房间均设置分体空调，能效等级均应达到 1 级。二层设置新风机房，室内吊装一台供应全楼功能房间新风的全热回收新风换气机组，其全热回收效率高于70%，且机组自带旁通装置，当室外温湿度适宜时，室外空气可不经热回收装置直接送入室内，利用室外自然风冷却室温。电气设备房间及卫生间均设置机械排风系统，排风机选用高效超低噪声风机。

采用高效照明系统，全楼一般房间照明以 T5 高效三基色荧光灯为主，采用控照式高效灯具；卫生间、走道等以 LED 平板灯为主，有吊顶部位灯具采用嵌入式安装，无吊顶部位灯具采用吸顶式安装。所有房间照明功率密度均满足照明功率密度目标值的要求。

公交车雨棚屋面设置单晶硅光伏发电系统，设置面积 471m²。太阳能光伏装机容量 72.01kWp，年平均发电量预估为 74880kWh。运营模式为自发自用、余量上网。在并网点设置电费补偿用并网电能表，在产权分界点设置关口双向电能表，并将发电量信息传至相关主管机构。

设置全楼能源监测控制系统，分别对空调、照明、插座等能耗进行计量，对太阳能光伏发电系统逐时发电量、累积发电量进行计量。对各功能房间室内环境进行监测，并实现对内部空调、通风系统的集中控制。设置智能照明控制系统。照明设计结合建筑使用条件及天然采光状况，合理进行分区、分组控制，充分利用天然光。一般房间采用面板开关就地控制，走道、楼梯间等场所采用人体感应灯具。

（2）技术指标

本项目采用 EnergyPlus 作为能耗模拟工具，分别对设计建筑、基准建筑进行能耗模拟。最终技术指标为：建筑能耗综合值为 62.7kWh/m²·a，建筑综合节能率为 86.29%，建筑本体节能率为 31.96%，可再生能源利用率达 77%，满足近零能耗建筑的要求。

（3）技术创新点

针对夏热冬暖地区的气候特点，通过分别研究非透光围护结构传热系数、透光围护结构传热系数以及玻璃 SHGC 值对全年耗冷量的影响，发现降低玻璃 SHGC 值对降低建筑耗冷量、降低空调能耗有至关重要的作用。为此，一方面利用公交站场这一建筑属性特点，充分利用公交车雨棚，扩大其挑檐范围，为建筑提供固定遮阳。另一方面，选用本身遮阳性能、透光性能均较好的 Low-E 超白三银玻璃，有效降低建筑能耗水平。

结合本建筑存在巨大内热源的特点，优化空调系统布置。建筑首层设置若干服务于电动公交车的电力设备房间，其散热量巨大，若单纯利用空调系统冷却室内空气，将造成空调耗电量巨大。为此，电力房间内单独设置空调系统，与全楼舒适性空调脱开，便于控制及提高安全性。同时设置通风装置与室内温度及空调系统联动，仅在室内温度高于 30℃时才开启空调，其余时刻均利用机械排风实现降温。

第8章　循环利用的固体废弃物

8.1 固体废弃物循环利用原则

　　《广东省环境保护"十三五"规划》通过强调绿色发展、环境优先的原则，积极推动城市绿色低碳发展，规划中强调重点解决雾霾、黑臭水体、土壤重金属污染和农村环境保护等突出问题，对污染源、排放过程和环境介质实施统一监管，其中要求城镇生活垃圾无害化处理在 2020 年达到 98%，重点监管单位危险废物安全处置率达到 100%[31]。

　　《广州南沙新区环境保护第十三个五年规划》，要求环境基础设施不断完善：至 2020 年，城市生活垃圾无害化处理率达到 100%；工业固体废物处置利用率高于 99%；重点监管单位危险废物安全处置率要求为 100%；城镇污水集中处理率达到 95%；农村污水集中处理率达到 85%，为起步区固废规划进一步深化了建设目标[32]。明珠湾起步区固体废弃物循环利用遵循以下原则：

1）全面推进、重点突破

　　全面推进固体废物污染防治设施体系与资源化利用系统的构建，推进固体废弃物传统管理手段向信息化管理的转变。提升危险废物处理处置能力和应急能力。重点突破建筑垃圾资源化利用和淤泥资源化利用等。

2）统筹兼顾、切实可行

　　按照固体废物污染控制的实际需求，结合绿色生态建设要求，统筹好各相关规划衔接，与起步区社会经济发展规划相融合。注重规划目标与任务具有可行性和可操作性，经得起科学评价、社会评判和公众评定。通过制定切实可行的规划目标逐步推进规划实施。

3）提升能力、加强保障

以政策支持、技术支撑为保障，完善政府、企业和社会多元投入机制，鼓励企业主动承担固体废物污染防治的主体责任。积极开展固体废物污染防治领域的技术和管理研究，全面提升固体废物利用处置和环境监管能力，促进固体废物处置利用实现可持续发展。

8.2 生活垃圾集约化利用

建设中的明珠湾起步区建筑垃圾较多，生活垃圾较少，建成后预计可容纳居住人口总量约 20.91 万人，生活垃圾产量约为 251t/d。

明珠湾起步区对生活垃圾的集约化处理有三种方式。一是垃圾压缩站附近地区的垃圾压缩转运。横沥岛片区、慧谷西区和蕉门河口片区的居民生活垃圾由环卫工人上门收集或由居民自行投放至垃圾收集点，垃圾压缩站附近地区的生活垃圾送往垃圾压缩站采用一次压缩转运的方式运至垃圾处置场所。这种方式相对来说可更高效地处理居民生活垃圾。二是距离垃圾压缩站较远地区的生活垃圾送往附近的小型垃圾中转站，由环卫车辆运至大型垃圾压缩站统一压缩后，再集中运至垃圾处理场所。这种方式垃圾运输距离较长，且需建设转运站对垃圾进行收集分类，延长了垃圾处理过程。三是部分地区的生活垃圾通过临时转运点转车后直接运输或企事业单位自行运输至生活垃圾处理场所，这种方式大大缩短了垃圾运送时间（图 8-1）。

在生活垃圾处理与资源化利用中以建立高效率、高运能、低污染的生活垃圾收集运输体系为重点，按照政府负责、社会参与、市民配合、注重实效的思路，坚持统筹规划、智能管理、装备配套、分级负责、市场运作的原则，进一步理顺生活垃圾收集运输管理体制，优化组合生活垃圾收运方式，加强运输过程监督管理，完善生活垃圾收运基础设施建设，积极探索市场化运行机制，全面提升起步区环境卫生管理水平。起步区在全区范围内建立了"桶装车载"的生活垃圾收运新模式，实现生活垃圾收运全程"不见天、不落地、污水不遗漏"。根据垃圾量，建设适宜密度、适宜数量的垃圾中转站，实现生活垃圾就近进站，减少运输距离。

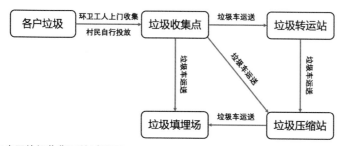

图 8-1 起步区垃圾收集运输过程图

图片来源：广州南沙新区明珠湾区起步区固体废弃物处理与资源化利用专项规划

8.2.1 生活垃圾收运体系

明珠湾起步区按照国家垃圾分类示范城市的要求，高标准、严要求地打造生活垃圾分类收集体系，按照"大分流、小分类"的原则，将生活垃圾分为可回收物、餐厨垃圾、有害垃圾、其他垃圾 4 类。在住宅小区、非住宅区域以及公共场所设置垃圾分类收集设施，进一步完善各类废弃物的分流处理体系，由起步区多部门协调推进垃圾分类工作，同时通过政策引导和宣传发动，引导市民和社会各界自觉参与生活垃圾分类，促进资源回收利用，全面提高城市生活垃圾管理水平。到 2020 年，城市生活垃圾分类收集率达到 70% 以上，率先在办公区、商务区等公共场所试行分类收集；到 2025 年，城市生活垃圾分类收集率达到 90%，在起步区全面建立垃圾分类收集管理体系[33]。

1）完善分流分类管理，加强分类收运体系建设

明珠湾起步区试行生活垃圾分类收集，按照总体"可回收物、餐厨垃圾、有害垃圾、其他垃圾"大分流模式，各功能区垃圾分类包括以下内容：

（1）居住区：可回收垃圾、厨余垃圾、有害垃圾、其他垃圾。

（2）办公区及公共场所：可回收垃圾、有害垃圾、其他垃圾。

（3）办公餐饮区：可回收垃圾、厨余垃圾、有害垃圾、其他垃圾（有害）。

（4）道路绿化：其他可回收垃圾（落叶等有机物）。

（5）建筑垃圾：其他垃圾（渣土、弃土、弃料、余泥及其他废弃物）。

起步区垃圾分类收集后，以资源化利用为导向，加强农贸市场垃圾、餐厨废弃物、道路机扫垃圾、电子垃圾、大件垃圾、绿化垃圾等废弃物的专项分流收运处置体系建设，通过可回收物、厨余垃圾的回收再利用和生化处理，减少进入末端处理设施的生活垃圾量，提高日常生活垃圾的资源化处理水平。

2）智能管理、保证效果

遵循起步区垃圾收转运体系的信息化和智能化，统一协调、管理起步区生活垃圾、建筑垃圾、危废垃圾等，实现对固废的来源、清运量和运行状态的实时在线监管，帮助企业挖掘生产潜能，实现节能增效。

根据《广州南沙新区城市总体规划（2012—2025）》及《广州南沙新区环境保护第十三个五年规划》的要求，对南沙明珠湾起步区固体废物相关控制指标进行量化，主要指标见表 8-1。

南沙明珠湾起步区固体废物处理与资源化利用指标体系　表 8-1

固体废物类别	指标	2020 年（近期）	2025 年（远期）	指标属性
生活垃圾	分类收集率 /%	70	90	约束性
	资源化利用率 /%	50	70	约束性
	无害化处置率 /%	100	100	约束性
医疗废物	安全处置率 /%	100	100	约束性
污泥	污水厂污泥稳定化处置率 /%	95	100	约束性
	供水厂污泥处置率 /%	95	100	约束性
	资源化利用率 /%	30	90	预期性
	无害化处置率 /%	50	90	约束性
建筑垃圾	统一管理率 /%	95	100	约束性
	资源化利用率 /%	50	70	预期性
城市粪便	无害化处置率 /%	95	100	约束性

3）稳步扩大分类覆盖范围，巩固提升分类实效

制订分类收集实施年度计划，逐步扩大垃圾分类的覆盖率，垃圾分类工作要做到宣传到位、设施到位、设备到位。积极探索和推广生活垃圾分类的市场化运作模式，通过推广垃圾换物和积分奖励提高居民参与分类的

积极性，提高分类效果。加强已推进生活垃圾分类减量区域的现场检查、监督，分类设备配置到位，加强全程分类作业流程管理，实现管理机制常态化；逐步建立生活垃圾分类计量和积分管理系统，鼓励居民、单位参与垃圾分类和资源回收，提升分类实效。

4）与相关部门协作，建立分类收运渠道

一是建立垃圾收集、运输、处理体系。在起步区设置 4 个垃圾转运站，在垃圾转运站设置有害垃圾分类贮存点，编制有害垃圾收集处置名录，制定有害垃圾集中暂存、运输、处置管理规范。二是促进可回收物回收处理，完善再生资源回收利用体系建设，建立社区、小区"固定、流动、预约"相结合的可回收物回收渠道。三是推进居民可回收物回收激励政策，通过适当补贴，将垃圾分类减量与企业经济利益挂钩，加大低值可回收物回收力度，完善回收渠道，促进可回收垃圾的回收利用。

5）制订分类收集相关政策

一是制订"生活垃圾终端处置阶梯收费"等相关的经济措施，促进生活垃圾源头减量。二是会同财政部门制定针对有害垃圾、低值可回收物、厨余（餐厨）垃圾收运处置的补贴政策。三是通过垃圾积分卡使用和电子计量系统，逐步对生活垃圾分类收集、运输、处置实行计量统计。四是研究制定以分类实际效果为重点的考核指标体系和奖励政策，改进分类工作考核指标体系，优化以奖代补政策。加强媒体宣传，设计制作起步区垃圾分类形象标志、口号和公益宣传广告。

6）建立完善的生活垃圾收集模式

在道路两侧和居民小区设置适宜的标准垃圾桶，采用适宜的分类方式，设置不同标准的垃圾桶，并配套与标准垃圾桶无缝对接的后装式压缩收集车、电动环保收集车或小型垃圾收集车等，淘汰利用敞开式的生活垃圾收集运输设备运输垃圾的方式，在起步区实现生活垃圾容器化储存、机械化收集和密闭化运输（图 8-2）。

图 8-2　不同区域分类垃圾桶设置种类示意图
图片来源：广州南沙新区明珠湾区起步区固体废弃物处理与资源化利用专项规划

7）完善生活垃圾中转系统建设

建立完善的生活垃圾中转站，灵山岛尖、横沥岛尖、蕉门河口和慧谷西区的中转站建设紧跟起步区建设进度，中转建设统一厢体设备，统一运输车辆，增设除臭系统和防噪声、防滴漏等环保设施，设置与生活垃圾机械化收集相配套的接口。垃圾中转站全部免费开放，按照"就近进站、应收尽收"的原则，接纳起步区社会单位、居民区的生活垃圾。

明珠湾起步区城市管理单位要根据区域控制性详细规划要求，对中转站周边单位和垃圾量进行预估，根据估计情况综合设计各个中转站服务能力和范围，根据不同用地类型合理规划不同区域生活垃圾进站时间，根据规划结果完善协调、衔接工作计划，根据运送的先急后缓，做到生活垃圾运输车合理调度，生活垃圾中转站有序开放。灵山岛尖、横沥岛尖、蕉门河口和慧谷西区四个区域各选定 1～2 个住宅小区以及一个商业小区，实行生活垃圾干湿分类试点，开展分类收集。同时，政府部门鼓励有实力、有资质的社会单位参与生活垃圾收运工作，逐步实行市场化运营（图 8-3）。

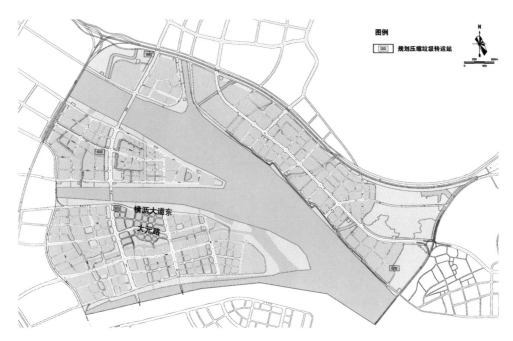

图 8-3 起步区生活垃圾收集设施布置图
图片来源：广州南沙新区明珠湾区起步区固体废弃物处理与资源化利用专项规划

8）明确分类运输模式，加强信息化过程管控

　　明珠湾起步区各功能区生活垃圾源头分类后要保证中间运输过程和末端处理的一致。一是厨余和其他类垃圾清运车错时进入小区清运垃圾，并且每辆车上安装 GPS 定位系统，防止混装混运；二是厨余垃圾清运时间为早上，其他垃圾清运时间为晚上；三是其他垃圾清运中要单独存放有害垃圾；四是可回收垃圾以社区为单位设置回收点进行直接回收，降低运输成本。

8.2.2 生活垃圾处理方式

　　加强运输过程垃圾渗沥液处理的管理，推进生活垃圾综合处理模式。在保证生活垃圾无害化处理的基础上，加强生活垃圾的分类处理和资源回收利用。单独收集的危险废物或处理过程中产生的危险废物按国家有关规定处理。

起步区生活垃圾采用统一外运方式，暂不考虑在规划区进行大规模处理，因此末端采用的生活垃圾处理方式（卫生填埋、高温堆肥和焚烧）等大型处理站不在本次规划范围内。针对起步区生活垃圾以小规模收集利用为主的处理方式，从源头控制生活垃圾总量。

8.3 建筑垃圾再循环利用

8.3.1 建筑材料循环利用

明珠湾起步区现阶段处于建设阶段，建筑垃圾较多，灵山岛片区作为明珠湾起步区先行开发建设的地区，是建筑垃圾主要的产生地。

灵山岛片区的主要建筑废弃物为临时建筑与构筑物拆除，地下空间临时支撑梁拆除废弃物规模量约 $6000m^3$，岛尖临时道路拆除废弃物规模量约 $3000m^3$，地下空间临时道路及临时营地硬化道路拆除废弃物规模量约 $3000m^3$（图 8-4）。

横沥岛尖拆迁工作涉及建筑物拆迁总面积约为 $359334m^2$。建筑废弃物可分为土地开挖、道路开挖、旧建筑物拆除、建筑施工和建材生产五类，主要由渣土、碎石块、废砂浆、砖瓦碎块、混凝土块、沥青块、废塑料、废金属料、废竹木等组成。

明珠湾起步区在灵山岛片区建成明珠湾建筑废弃物再生利用处理中心，起步区各类建筑垃圾运往该中心进行处理与统一再利用。明珠湾建筑废弃物再生利用中心位于飞沙路与江灵南路交汇处，占地面积约 $15000m^2$，区内按照使用功能分为原材料堆放区、原材料加工区、半成品材料堆放区、试验检测区、成品展示五大区域。通过该五大区域的实施，收集处理各类建筑废弃物，将建筑废弃物循环利用的砖渣类成果应用于路基填筑、再生砖、轻型砖等，混凝土类的成果应用于水泥稳定土垫层掺料、方孔砖、再生砖、连锁砖、方桩等非承重附属混凝土预制构件等（图 8-5、图 8-6）。

明珠湾起步区建筑垃圾运收模式以直运为主，转运为辅。建筑垃圾中

图 8-4 地下空间基坑支护
图片来源：广州南沙新区明珠湾开发建设管理局

图 8-5 明珠湾建筑废弃物再生利用处理中心
图片来源：广州南沙新区明珠湾开发建设管理局

图 8-6 混凝土类建筑废弃物破碎后作为临时道路硬化使用
图片来源：广州南沙新区明珠湾开发建设管理局

的渣土、碎石块、废砂、砖瓦碎块、混凝土、沥青、废塑料、废金属料、废竹木等可资源化利用，在源头处分类收集与堆放。建筑垃圾运输车全部采用密闭式车厢，并且定期进行全面清洗。所有车辆按照规定向交通管理部门进行申报，按照其指定的区域、路线、时段进行运输。

建筑垃圾运输一般采用建筑垃圾收集点——次要道路／主要道路——

建筑垃圾专用道路——建筑垃圾消纳场 / 建筑垃圾产业园的路线。项目报请建筑垃圾收运及处置方案时要注明运输路线，因为特殊要求不能沿建筑垃圾运输路线运输的，必须提前告知建筑垃圾行政主管部门批准。建筑垃圾运收路线选择需要遵循以下原则：a）运输路线的起始点选择在停车场或车库附近；b）运输路线选择尽量紧凑，避免重复或断续；c）运输路线要避免选择交通流量大、交通情况复杂的道路；d）运输路线要避免穿越城区，减少对城市环境的影响。垃圾运收车必须按照建筑垃圾运输道路进行运输，且车辆必须实行密闭运输，车容保持整洁。

建筑垃圾中的废弃物经分拣、剔除或粉碎后，大多可以作为再生资源重新利用，其中完好的砖、瓦经清理后可重复使用；废旧砖瓦经破碎碾磨成粉体材料后作为混凝土掺合料使用，用于替代粉煤灰、矿渣粉、石粉等；废弃建筑混凝土和废弃砖石经破碎筛分分级、清洗后用于生产粗细骨料。

工程渣土主要采用回填的方法，以市场平衡为主。回填区域一是需要渣土的施工工地或单位；二是在公园、街头绿地等处堆山造景，形成一定高度的假山，创造公园、街头绿地新的观景制高点，营造公园、绿地高低起伏、曲径通幽的格局气势，建造都市"楼绿天际线"；三是根据防洪规划、竖向规划，对需要提高标高的区域进行整体平填。

废弃木材类建筑垃圾，尚未明显破坏的木材直接再用于重建建筑，破损严重的木质构件通过木材破碎机，弄成碎屑后作为木质再生板材的原材料、造纸原料或者作为燃料使用等。

废弃路面沥青混合料按适当比例直接用于再生沥青混凝土。废弃道路混凝土加工成再生骨料用于配制再生混凝土。废钢材、废钢筋及其他废材料经分拣后直接再利用或送钢铁厂、有色金属冶炼厂回炉加工。废玻璃、废塑料、废陶瓷等建筑垃圾分拣后送玻璃厂或微晶玻璃厂做生产原料，或视情况区别利用（图 8-7）。

明珠湾区要建立分级管理、部门联动机制，对建筑垃圾的产生、清运、处置消纳等各个环节，实施全方位管理，强势推进建筑垃圾收运体系建设。注重管理前移，加强对产生建筑垃圾的建设或施工单位的源头申报管理。完善城市建筑垃圾处置审批程序，将源头管理的关口前移，通过在审批环

图 8-7 建筑废弃
物利用
图片来源：广州南
沙新区明珠湾开发
建设管理局

节提高施工单位的防污意识和责任、提高洗车设施的标准等措施，控制渣土扬尘。规范中转运输，加强建筑垃圾运输公司和车辆管理，严格执行相关处罚措施，禁止建筑垃圾混入生活垃圾和偷倒乱倒现象，并利用环卫信息化系统，建设建筑垃圾管理平台，提高政府对建筑垃圾和工程渣土的统筹调控。以城管的网格化管理系统为平台，完善现有建筑垃圾管理模块，同时管理系统要与住建部门、公安交管部门、交通运政部门、数字城管及其他部门实现信息的多向共享。

8.3.2 开挖污泥循环利用

南沙区基岩风化壳之上普遍发育厚度不等的软土淤泥，具有高含水率、高孔隙比和高压缩性等不良工程特性，在地面负荷下，极易导致地面沉降地质灾害，造成地下管线拉断、墙体开裂、地面起伏及构筑物倾斜等不良后果。在国家打造南沙自贸区的大背景下，南沙区大规模的集中开发建设，存在造成南沙区地质环境条件的显著改变，引发一定程度的软土地面沉降地质灾害的风险。

灵山岛尖安置区与地下空间开挖土方主要存放于区内弃土场，弃土存量 30 万 ~50 万 m³。开挖土方主要为地表以下淤泥及淤泥质土，杂质较少。横沥岛尖土地开发即将展开，一、二级土地开发过程中，将产生约 600 万 m³ 建筑淤泥，以淤泥及淤泥质土为主。

起步区完成了淤泥利用相关试验，对本地区淤泥的理化性质和改性做了相关研究。起步区所要处理利用的淤泥层呈灰、深灰、灰黑等色，流塑、饱和状态，含有机质，味臭，断续夹薄层粉细砂及少量贝壳，具有含水量高、孔隙比大，局部地区渗透性好，压缩性高，触变性一般，含有蒙脱石、有机质等特点，后期可作为道路回填土、绿化种植土进行规模化资源利用。

1）淤泥资源化利用方式

灵山岛尖弃土存量约为 50 万 m^3，主要为地表以下淤泥及淤泥质土，根据现场踏勘，淤泥含水率有所降低，改良后可应用于路基填土或绿化种植土。

根据现有的横沥岛尖土地开发项目建议书及各项目可行性研究报告，初步统计横沥岛尖土方、淤泥工程量，推算横沥岛尖土方开挖量与需求量，详见表 8-2。

横沥岛尖土方开挖量与需求量统计　　　　　　表 8-2

序号	项目	总量 /m^3
1	已剥离表土	700000
2	淤泥出方	547244
3	路基填土需求	6820988
4	内水与海岸段填土需求	3458385
5	凤凰大道绿化地基土需求	627250
6	绿化种植土需求	1380024

横沥岛尖地下空间等开挖土方加上已剥离表土共计约 125 万 m^3，回填土加上绿化种植土总需求量约为 1228 万 m^3，其中路基填土、内水与海岸段填土、绿化底基土需求量约为 1090 万 m^3，绿化种植土需求量约为 138 万 m^3。已剥离表土加上待开挖淤泥经处理后仅能基本满足绿化种植土的需求量。

根据横沥岛尖土方需求周期，此部分淤泥加工后用于横沥岛尖市政道路路基填土或绿化种植土。按横沥岛二级土地开发产出淤泥 0.5 倍估算，灵山岛二级土地开发淤泥约为 300 万 m^3。起步区统筹开发建设管理机构

图 8-8　多功能搅拌铲斗施工现场
图片来源：广州南沙新区明珠湾开发建设管理局

统筹协调考虑，在横沥岛尖设置临时弃土场，此部分淤泥加工后可用于横沥岛尖市政道路路基填土或水系等回填土（图 8-8）。

淤泥资源规模化利用的途径主要有以下 3 种：

（1）路基回填土

针对地下空间开挖，经过预压处理的淤泥（含水率 50% 左右）掺加一定量的土壤固化剂、减水剂处理，其强度达到相应的技术要求，含水率降低至最优含水率附近，满足路基填土技术要求。

（2）绿化种植土

针对地下空间及河涌开挖原状（含水率 70% 左右）或经真空预压处理后的淤泥（含水率 50% 左右），改善土壤质地及营养状况，满足绿化种植土技术要求。

拟建场址选择横沥岛尖凤凰二桥附近，距离灵山岛尖与横沥岛尖直线距离均小于 3km，过凤凰二桥即为万顷沙，减少场内倒运成本。拟建场址靠近凤凰二桥，陆上交通便利，紧邻下横沥水道，修建临时码头，便于改良物料水上运输（图 8-9）。

灵山岛目前二级土地开发即将开展。灵山岛存量淤泥统一改性或改良后，供横沥岛一级土地开发使用。灵山岛二级土地开发淤泥与横沥岛地下空间等开挖淤泥，边开挖边加工，供横沥岛一级土地开发使用。横沥岛二

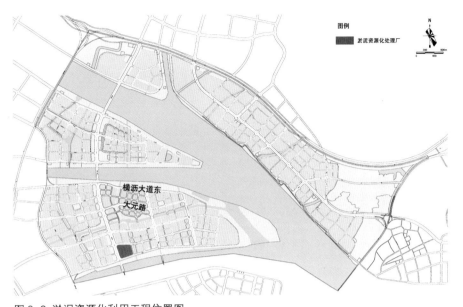

图 8-9 淤泥资源化利用工程位置图
图片来源：广州南沙新区明珠湾起步区固体废弃物处理与资源化利用专项规划

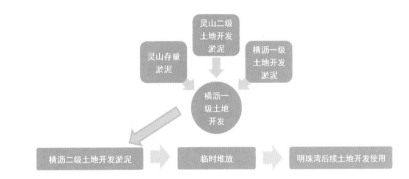

图 8-10 淤泥综合利用时序
图片来源：广州南沙新区明珠湾起步区固体废弃物处理与资源化利用专项规划

级土地开发所产生的淤泥可存放于临时堆场，待明珠湾或周边区域有使用
需求时，再按需加工；或改良成绿化种植土，用于公园绿地堆山造景，也
可作为储备绿化种植土，以备后续土地开发时使用（图 8-10）。

2）污水处理厂污泥处理与利用

在灵山、横沥岛分别新建污水处理厂一座，新建污水处理厂总规模
6.0 万 m³/d，预测干污泥量为 7.2t/d，含水率按 60% 计算湿污泥量为
27.0t/d。由于南沙区设有南沙区污泥干化中心，因此污泥出厂的含水率

控制在60%。出厂后污泥需运往干化中心进一步作干化处理。

污水处理过程中大部分污染物转化成污泥。生污泥含水率高，有机物含量较高，浓缩性差、不稳定，还含有致病菌和寄生虫卵，若不妥善处理处置，将造成二次污染。因此，必须对污泥进行处理处置。

根据相关研究，污泥干化含水率由40%～80%的单位投资成本约是含水率40%～60%的2～3.8倍，运行成本前者约是后者3.5～4.5倍，可见污泥干化含水率40%～80%无论投资成本还是运行成本均远高于含水率40%～60%。因此起步区污水厂污泥脱水后含水率确定为60%。采用污泥深度脱水工艺，即通过添加少量药剂改性和机械浓缩、压滤方式使含水率99.2%左右的浓缩污泥一次性降低至50%～60%，满足有关要求。

污泥处理流程如图8-11所示。

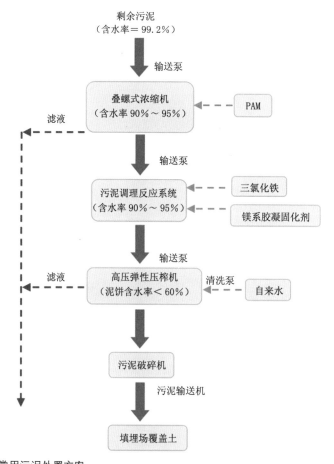

图8-11 常用污泥处置方案

图片来源：广州南沙新区明珠湾区起步区固体废弃物处理与资源化利用专项规划

（1）卫生填埋

卫生填埋是国内目前采用最广泛的污泥处置方式。卫生填埋设施及作业具有设备简单、容量大、见效快、一次性投资相对较小等优点，但也有用地面积大、运输距离远、场址不易选择等缺点。

（2）污泥焚烧

焚烧是污泥最彻底的处理方法，可使污泥中的碳水化合物转变成 CO_2+H_2O，同时在高温下杀灭病毒、细菌，在焚烧过程中产生的热能可以回收。

（3）污泥电厂焚烧

依托电厂现有的 CFB 循环流化床燃煤锅炉，通过技术改造，将脱水污泥按 20% 比例掺杂在煤块中进行焚烧，这样既不需要建造单独的干化焚烧系统，又不需要配置单独的运行管理人员。因此，把利用热电厂循环流化床锅炉来焚烧脱干污泥，作为污泥处置的主要方法和主攻方向。

（4）污泥综合利用

污泥综合利用主要包括污泥的土地利用、污泥堆肥、工业利用三种。明珠湾起步区实施污泥稳定化、无害化和资源化处理处置，建设集中式污泥处置设施。将污泥处置费用纳入污水处理成本，保障污泥安全处置资金投入。加快推进南沙污水处理厂污泥深度脱水设施建设，灵山岛尖、横沥岛尖新建污水处理厂配套污泥深度脱水设施。实现全区污水处理厂污泥的无害化处理及规范化管理，建立污泥运输监控平台。到 2025 年，污泥无害化处理处置率保持 100%。

明珠湾起步区内不宜单独设置污泥处理处置厂，灵山岛尖污水处理厂的污泥，在污水厂内进行严格的脱水处理，达到含水率 80% 的要求，经过广州市南沙区污泥干化中心脱水干化，然后运往大岗污泥处理厂进行无害化处理。规划近期在大岗污泥处理厂未正式运行前，污泥主要经过广州市南沙区污泥干化中心脱水干化后运往垃圾处理厂处理。考虑到南沙区华润电厂正在筹建，可以利用热电厂的余热对污泥进行无害化处理。

第9章　融合生态理念的智慧城市

9.1 智慧城市发展概况

国内自"十二五"规划以来，各大城市都认识到智慧城市建设对改善人居环境质量、优化生产生活方式和城市管理、提升居民幸福感具有重要意义，纷纷开展智慧城市建设。2014年3月党中央、国务院印发《国家新型城镇化规划（2014—2020年）》[34]，明确提出"推进智慧城市建设"，促进"城市规划管理信息化、基础设施智能化、公共服务便捷化、产业发展现代化、社会治理精细化"。同年，国家发改委、工信部等八部委联合下发了《关于促进智慧城市健康发展的指导意见》，提出"到2020年，建成一批特色鲜明的智慧城市，聚集和辐射带动作用大幅增强，综合竞争优势明显提高，在保障和改善民生服务、创新社会管理、维护网络安全等方面取得显著成效"[35]。2016年国家发改委下发《新型智慧城市指标体系》，明确指出新型智慧城市核心是"以人为本"。智慧城市的建设已经上升为国家的重要战略[36]。自2012年至今，国内陆续推出多批国家智慧城市试点名单，目前已有290个城市入选国家智慧城市试点。数据显示，我国95%的副省级以上城市、83%的地级城市，总计超过500个城市，均在政府工作报告或"十三五"规划中明确提出或正在建设智慧城市。

9.2 智慧城市平台建设

明珠湾智慧城市总体规划以国家新型智慧城市相关政策为指导，以现代智慧城市规划理论体系为基础，结合城市规划的体系框架、内外部的调研和访谈、国内外的案例借鉴，编制明珠湾智慧城市总体规划方案。明珠湾智慧城市总体规划具有以下特色[37]。

9.2.1 以目标为导向构建智慧城市蓝图

以明珠湾发展的要求为基础，以目标为导向，结合区域的战略定位以及特征，明确明珠湾智慧城市的需求。借鉴与明珠湾区域特征高度契合的先进智慧城市案例，包括美国泽西市、韩国松岛新城、新加坡、天津滨海新区及上海浦东新区，总结智慧城市建设的重点。依据现代的智慧城市规划理论体系，以及国家新型智慧城市建设"六个一"的总体指导思想和国家标准化管理委员会 2017 年 10 月 14 日发布的《智慧城市技术参考模型》，结合感知、互联、智能的智慧城市技术框架，结合有前瞻性的智慧化要素，形成明珠湾智慧城市建设的蓝图。

基于固废资源化利用的规划目标和内容，充分借鉴国际先进智慧城市设计理念，构建以统一的信息基础设施为支撑，以信息平台为轴心，以面向城市建设运营管理，以及产业、民生两大城市服务为智慧延伸的明珠湾智慧城市三层架构。以明珠湾区政府、企业、居民的需求为导向，打造"宽带、融合、安全、泛在的下一代信息基础设施"。推进城市数据的汇聚、集成、共享与分析，实现不同机构、不同部门间信息资源共享和业务协同，为城市的建设、管理、运营、服务提供数字化支撑和决策支持。利用智慧化手段推动政府部门的互联互通，优化城市管理，加强科学决策，实现政府管理效能及城市管理水平的提升。面向产业和居民两大用户，打造明珠湾智慧服务：利用智慧化手段创新服务的提供方式，丰富服务内容，满足明珠湾居民多样化、个性化、国际化的民生服务需求，提升服务的便利化程度；通过优质的产业基础配套服务，提升产业发展环境，促进智慧产业的发展，实现产城融合。

9.2.2 建设智慧城市双重保障体系

明珠湾智慧城市的标准体系以工业和信息化部制定的相关标准为基础，以国际标准、国家标准、广州市地方标准和行业标准为指导，结合明珠湾智慧化建设的特点，建设技术标准体系。技术标准应包括以下几类：

感知设备标准，包括设备选型标准、安装调试标准、验收标准、运维规范、信息采集规范；基础网络标准，包括网络运营管理规范、远程通信和信息交换标准、网络连接规范、网络测试标准规范等；云基础设施标准，包括云基础设施标准、存储和管理标准、服务接口标准等；信息资源标准，包括数据库标准、数据共享标准、数据分类标准、数据接口标准等；应用标准，包括智慧城市各类应用业务流程、业务应用、试点上线方面的标准规范；安全标准，包括保障明珠湾智慧城市安全所需的各类标准，主要有安全级别管理、身份鉴别、访问控制、加密算法、数字签名、公钥等方面的标准；管理标准，指确保智慧城市建设质量所需的项目管理方面的标准和规范，包括项目管理规范、运行维护规范等。构建明珠湾完善的安全保障体系，提升明珠湾在物理安全、网络安全、数据安全、系统安全、应用安全、系统安全方面的保障能力。在云计算环境、区域边界、通信网络、物联网、服务终端等方面，从技术、管理、运行三个方面，全面设计安全保障内容，形成全面有效的安全防护能力、隐患发现能力、应急响应能力和系统恢复能力，实现安全态势感知、预警、通报、处置的闭环管理。

9.2.3 以需求为导向提出时序及管控建议

通过建设明珠湾智慧城市，支撑明珠湾三大特色定位的实现。

"规建管"一体化协同：借助白地开发优势，在建设过程中为城市植入"数字"基因，通过城市规划一体化管理平台、城市建设智慧化平台建设，实现城市从规划、建设到管理的全面数字化和一体化协同管理，支撑城市"一张蓝图绘到底"。

国际化服务环境：针对人口和产业结构多国籍化特征，打造多语言、灵活和开放的平台和服务来接纳高端人才，支撑明珠湾面向世界的定位。充分发挥明珠湾毗邻香港、澳门的独特区位优势，建设明珠湾国际通信专用通道，基于人工智能打造多语言服务窗口，营造开放的、国际化的大都市通信环境，支撑明珠湾构建依托粤港澳、服务珠三角、面向世界的中央商务区。

绿色生态低碳节能：依托明珠湾海绵城市、绿色生态示范区的建设基础，进一步从环境、水务、能源三大核心生态业务领域进行智慧化管理，实现问题及时发现、风险精准预测、生态精准治理，进一步扩大明珠湾的生态优势，响应国家"加快生态文明体制改革，建设美丽中国"的战略要求。

9.2.4 共建共赢生态体系

明珠湾智慧城市建设是一个庞大的工程体系，未来将引入多方力量共同投资建设明珠湾智慧城市，实现互利共赢。要研究成立以国有资本为主的新型投资公司，为明珠湾智慧城市建设设立投融资平台，拓展建设资金渠道。要坚持政府支持和市场运作相结合，形成以政府投入为导向、企业投入为主体、社会资金共同参与的格局。按照各类建设项目的服务对象、公益性质、商业价值不同，分别确定相应的投资主体、建设运营主体。加快建立"谁投资，谁受益；谁使用，谁付费"的运营机制，鼓励社会各界参与。

9.3 建设内容及效果反馈

9.3.1 建设工程管理信息平台

明珠湾起步区开发建设工程管理信息平台是明珠湾起步区智慧城市框架下"管理平台"中"城市建设管理"的一个重要组成；是明珠湾起步区落实区域城市规划设计，实现"绿色、生态、智慧"城市建设，面向建设项目综合管理的专项管理信息系统；是覆盖项目全生命周期，建设项目参建各方参与的统一协同管理的平台；是为明珠湾起步区开发建设项目服务，由明珠湾管理局下属部门、授权单位以及区域各项目参建单位使用的一套多层级、多模块的建设管理综合性应用平台。平台搭建结合先进的软硬件技术，创新城市建设管理模式，促进城市管理精细化，为明珠湾智慧城市

图 9-1 广州南沙明珠湾开发建设工程管理信息系统总体框架
图片来源：数据融合视角下的工程建设智慧监管平台研究与应用——以广州市南沙新区明珠湾开发建设管理局工程管理信息系统为例

建设打下坚实的数据基础，为领导决策提供全面的科学依据。建设内容包含一套标准规范及管理机制、硬件支撑设备、数据及后台服务中心、应用平台等，平台整体框架如图 9-1 所示，主要包含以下建设内容：

1）标准规范及管理机制建设

平台在建设过程中，瞄准起步区实际建设管理需求，以提升区域建设工程质量及建设方工程项目管理效率为目的，形成了一整套支撑明珠湾起步区开发建设工程管理信息系统高效运营的标准规范和体制机制，涵盖数据标准规范、数据服务规范、系统接口规范、平台运行管理办法、系统接口及调用规程，并建立数据保密、安全体系、共享交换和运营维护的长效机制。

2）数据及后台管理中心建设

数据服务中心主要是将明珠湾起步区地理空间数据、工程建设生命周期产生的数据资料、建设方政务信息资源进行汇聚融合管理。对内支撑应用平台建设，对外提供经过数据整合规范的工程项目信息数据以及政务信息，助力外部系统的数据汇集，为南沙区智慧城市提供数据支撑。其中地理空间数据包括：电子地图数据、影像图、地形图、地名地址、BIM 模型、地籍数据、土地规划、城市总体规划、绿色建筑规划、海绵城市规划等。工程管理数据包括：项目立项、招投标、资金、设计、施工及竣工过程的基本信息、附件信息、流程信息、审批意见，视频信息、无人机航拍信息、环境监测信息等。政务信息包括：收发文信息、会议信息、纪要信息、督办信息等。

后台管理中心提供系统用户的权限管理、系统运维部署，维护本信息系统良好运行的功能，保障应用平台用户权限及节点流程配置，确保系统快速高效运行。

3）统一信息基础支撑设施建设

明珠湾区开发建设工程管理信息系统基于南沙区政务云（由南沙区信息化主管部门统一建设）资源实施部署，同时平台基于区域建设项目监管需要配置信息处理显示、无人机、视频监控、视频会议及相关配套设备等，有效增强系统运行效率，提升系统展示效果及用户体验，同时为明珠湾起步区其他应用平台搭建共同支撑环境。

4）应用平台建设

根据明珠湾区开发建设工程管理信息系统用户角色及使用需求，明珠湾起步区开发建设工程管理信息系统建设四个应用平台、一个移动 APP。四个应用平台分别为政务一体化平台、工程项目管理平台、综合展示报告平台、图档管理平台，以上四个平台接在 PC 端应用，同时基于移动性、便捷性、高效性考虑，开发移动端应用，让业务办理、工程进度、工程质量、安全隐患等事项的监督办理不受时空的限制，使得用户"随时随地、办事管事"，提升工作效率。

5）政务一体化平台

建立集中统一的协同管理平台作为明珠湾管理局、广州市南沙新区明珠湾管理局（建设方）、横沥项目管理中心（代建方）之间集中运作办公的聚集点，有利于政务信息的高效衔接，提升整体业务办事效率。同时与南沙区政府 OA 系统建立紧密对接，实现收发文、请休假联合审批、会议在线召开等功能，提升协同效率和执行能力，减少手工办公所耗费的时间和精力，通过完善的报表工具，对各种业务数据和管理成本进行全面汇总、集中分析，为业务决策提供有效的支撑。

6）工程项目管理平台

利用计算机互联网技术、数据库技术、网络通信技术、数据仓库、数字测控、物联网、数据挖掘、数字建模等现代信息技术，汇聚、整理从工程项目立项前到立项、设计、实施、竣工、验收、运营全过程的合同信息，项目资金信息，项目进展情况等，面向建设工程项目全过程监管，建立工程项目管理平台，实现对工程项目从立项审批到竣工验收的动态管理、动态监测的集成化管理，达到监管内容数字化、监管功能信息化、信息传输实时化、采集数据共享化、系统集成协同化、监管周期全程化、监管方式智能化的目标。

7）综合展示报告平台

以大屏幕设施为显示手段，面向领导日常决策服务，解决管理层信息支撑的缺失问题。主要是实现信息的综合展示、会议系统、BIM 模型、智慧工地呈现四部分内容，让领导层在会议系统上能够直观掌握项目的进展、质量安全等问题，达到不出门而知"工地事"的应用效果。

8）图档管理平台

工程项目在建设过程中会产生较多的成果资料，建立图档管理系统，有助于全面提升图档资料的现代化管理水平，提升工程项目资料的利用率，同时提升图档的可追溯性和检索效率，让图档的使用和查询能够在极短的时间里完成。

9）移动端建设

基于移动性、便捷性、高效性，开发移动端应用，实现业务办理、工程进度、工程质量、安全隐患等事项的监督办理不受时空限制，使得"随时随地、办事管事"成为可能，从而提升使用者的办事效率。

9.3.2 智能水务管理平台

建设智能水务示范区，探索"灵山岛尖"智能水务版块，建成南沙水务管控分中心，针对防洪、雨水、供水、污水四大系统，兼顾人工湖、湿地系统，构建视频监控系统、在线监测系统、智能分析系统以及决策辅助系统，系统界面应直观友好、快速稳定，软硬件均需要预留足够空间，为下一步总控、其他片区分控系统整合预留通道与接口（图9-2）。

1）智能水务标准建设

结合南沙的实际情况和需求，在充分调研的基础上，编制南沙智能水务系统管理数据标准和智能监测、监控设备技术要求，为推进南沙智能水务建设打下基础，具体包括排水设施、雨水径流控制设施等管理对象的数据标准、设施管理的标准流程、相关设备的技术要求等。

图9-2 广州南沙明珠湾起步区智慧水务管理平台
图片来源：广州市南沙明珠湾起步区智慧水务管理平台深化方案

2）配套软件建设

为了深化水务一体化管理，基于智能水务系统监测监控平台，建设了灵山岛尖智能防洪集控调度平台、水雨情监管系统、智能化节水系统和智慧排水管网系统等四个子系统。

（1）智能防洪集控调度平台

水务一体化管理的实时在线监控基础设施，闸泵联合调度作业所需的硬件保障条件。通过光纤宽带、物联网以及 SCADA 技术，实时监控水闸、泵站、管网等设施工况，通过部署水量水质监测设施、高清摄像头等方式，重点监控城市关键水体水循环情况，帮助用户遵循和利用潮汐等水文规律，实现水量、水质的最优化调度，防治洪涝灾害。另外，闸泵联合调度控制信息子系统，是开展闸泵联合调度作业的软件平台。基于洪潮组合的水量水质模型，采取联合调度的方式，开展闸泵群优化调度，让它们在保证安全的基础上发挥最大的"群体"效益。

（2）灵山岛尖水雨情监管系统

贯彻《广州市建设项目雨水径流控制办法》、落实低影响开发理念的业务系统。根据《广州市建设项目雨水径流控制办法》，对规划阶段的雨水径流控制措施进行模拟和评估，初步判断雨水径流控制措施是否满足规划的相关要求；制定雨水径流控制设施的数据标准，提供数据上传接口，方便雨水径流控制设施的所有人或者管理人上传雨水径流控制设施的基础数据；通过定期巡查及在线监测，对雨水径流控制设施进行监督管理，并通过系统定期向社会公布雨水径流控制设施的监督管理信息、运营效果。

（3）智能化节水系统

以信息化手段实时掌握示范区用水情况，强化用水计划管理及用水考核，提升水资源管理的科学化与定量化水平，优化水资源配置与应用；基于多水源多用户水量水质供需平衡分析，挖掘节水潜力及非常规水源供水潜力。

（4）智慧排水管网系统

整合和管理城市排水管线相关的空间和属性数据，并建设覆盖整个排水管网的在线仪表监测系统，监测液位、压力等指标，为排水的智能、优化调度提供数据基础，为排水管网管理、运行维护、内涝整治提供技术支撑；实现对所有重点污染源的实时监控，实现污水、废水排放的在线监督。

9.3.3 智慧运营管理平台

明珠湾起步区城市建设运营管理平台围绕明珠湾管理局主要业务需求，采用"平台+应用"的建设模式，包括 1 套标准规范和体制机制、1 个时空数据中心、1 个城市建设运营管理平台、3 个示范应用系统，1 套支撑环境。具体内容为：

1）1 套标准规范和体制机制

制定一整套支撑明珠湾起步区智慧运营管理中心高效运营的标准规范和体制机制，涵盖多源异构时空数据资源融合、共享交换、接口服务和集成服务等标准规范，并建立数据保密、安全体系、共享交换和运营维护的长效机制。

2）1 个时空数据中心

整合明珠湾管理局、南沙区工业和科技信息化局、国土资源和规划局各个委办局等相关单位在明珠湾起步区范围内的与明珠湾起步区相关的时空数据资源，形成明珠湾起步区的 BIM 骨架数据和规划设计、施工建设、城市运行维护等各个专题数据。同时以灵山岛尖 $2km^2$ 示范区域全要素数据生产、采集、更新作为补充，奠定完整的明珠湾起步区时空数据体系，为明珠湾起步区各项应用提供时空数据支撑。

3）1 个城市建设运营管理平台

利用微服务、物联网和云计算等关键技术，建设集成时空数据采集更新、融合管理、共享交换、业务协同的城市数据管理和共享平台；利用数字孪生、三维仿真等技术，基于明珠湾城市定位和产业发展配套需要，提供城市"三通五透"量化、城市交通、气象、环境和应急态势等方面的三

图9-3 广州南沙新区明珠湾开发建设管理局运营管理平台
图片来源：广州南沙新区明珠湾开发建设管理局运营管理平台深化方案

维仿真模拟，构建可视化的城市空间基础信息平台，为城市未来应用提供决策依据；同时为了保持平台的扩展性和生长性，建设开发中心和服务中心（图9-3）。

4）3个示范业务系统

围绕明珠湾起步区"规划－建设－管理－服务"业务主线，结合明珠湾当前建设阶段和信息化基础设施现状，选取有条件、需求紧迫、见效快、可落地的应用先行先试，开展城市空间工程的模拟和决策、城市形象展示、城市运维管理3个示范应用，开展明珠湾起步区智慧城市示范应用探索。

5）1套支撑环境

支撑硬件包含应用服务器3台、数据库服务器2台、缓存数据库服务器2台、图形工作站5台；支撑软件包含操作系统（服务器端7套，PC端5套）、数据库软件1套、二三维一体化桌面GIS平台1套、二三维一体化组件式GIS平台软件1套、云GIS应用服务器软件1套、城市数字孪生平台软件1套。

第 10 章　创新精细化的建设管理

10.1 体制机制创新

根据习近平总书记对于自贸区建设"勇于突破、当好标杆，对照最高标准，大胆试、大胆闯、自主改"的要求，南沙自贸区承担着创新示范区、高水平对外开放门户枢纽重要使命，区域范围内创新活跃度极高，已在区域建设、生态发展、产业引入等方面形成多项先进建设经验。明珠湾起步区秉承南沙自贸区的发展使命，创新发展机制，为促进广州南沙新区明珠湾开发建设，根据《中国（广东）自由贸易试验区条例》《广州市南沙新区条例》等有关规定，组织设立了广州市南沙新区明珠湾开发建设管理局。

广州市南沙新区明珠湾开发建设管理局受南沙开发区管委会、南沙区人民政府领导，是具有法人资格、独立承担法律责任的法定机构，承担着中国（广东）自由贸易试验区广州南沙新区明珠湾起步区（以下简称明珠湾起步区）的开发建设、招商引资、运营管理、产业发展等职责，坚持先行先试、改革创新的原则，建立健全职责明确、决策科学、运转高效的体制机制，建设粤港澳合作核心区和国际高端产业综合服务中心，打造与国际接轨的营商环境。

10.2 全过程城市设计管理

10.2.1 全过程管理制度概况

按照《广州市人民政府关于进一步加强城市规划建设管理工作的实施意见》中"提高城市设计水平，建立地区规划师制度"的有关要求，明珠湾起步区结合城市建设的需求和自身的特点，提高城市规划水平，强化规划的引领作用，优化规划管理体制机制，率先于明珠湾起步区 C2 单元设立地区城市总设计师，聚焦于为广州市南沙新区明珠湾管理局工作及南沙区国土资源和规划局（以下简称区国规局）行政审批提供依据，为明珠湾区的开发建设提供有力的技术支持。为充分发挥地区总师的作用，规范并完善有关地区总师工作机制，特制定《明珠湾起步区地区城市总设计师制度实施细则》[38]，[39]。地区总师制度的目标主要为：

（1）通过地区总师制度，加强城市精细化管理，加大事前管控的力度，减少规委会专业委员会审查等规划审批环节。率先在灵山岛尖推行地区总师承担城市设计导则的编制工作，并基于已经审批通过的城市设计导则开展规划咨询工作，地区总师应以已经审批的城市设计导则对整个区域的指标进行宏观把控。

（2）充分发挥地区总师的技术参谋与技术把关作用，全面负责对明珠湾起步区范围内的各个专项规划编制成果、规划实施业务提供书面审查及咨询意见，负责对具体地块规划指标调整提供论证咨询意见。

（3）加强城市风貌管控，力促城市规划、设计、建设实施等各环节有效连接，紧密衔接好地区总师咨询工作和城市设计成果，为明珠湾管理局管理工作及区国规局行政审批提供依据，为明珠湾起步区的开发建设提供有力的技术支持。

（4）地块出让前，对地块的出让条件提供技术咨询；在地块出让后，对规划设计方案进行把控；地块实施建设后，对公共空间（含地块实施部分）的效果进行把关，并提出调整建议。

10.2.2 地区总师制度与现行规划制定的关系

（1）承担部分区规委会环境艺术委员会的职责：地区总师团队对一般性项目出具的咨询意见，经地区总师审查不再上区规委会环境艺术委员会审查；特别重大的项目按需组织专家会或上规委会环境艺术委员会审查。

（2）出具的意见作为土地出让建议：地区总师基于已通过程序审定的城市设计成果对出让、审批、验收各阶段提出专业咨询意见，国规局以此为重要参考，负责在土地出让及规划审批时落实。

（3）提高地区总师的重视程度，加强意见实施力度：地区总师经充分论证，提出与已通过程序审定的城市设计成果不同的技术意见时，明珠湾管理局和国规局会同总师讨论，在土地出让及规划审批时充分吸纳其合理的建议（图 10-1）。

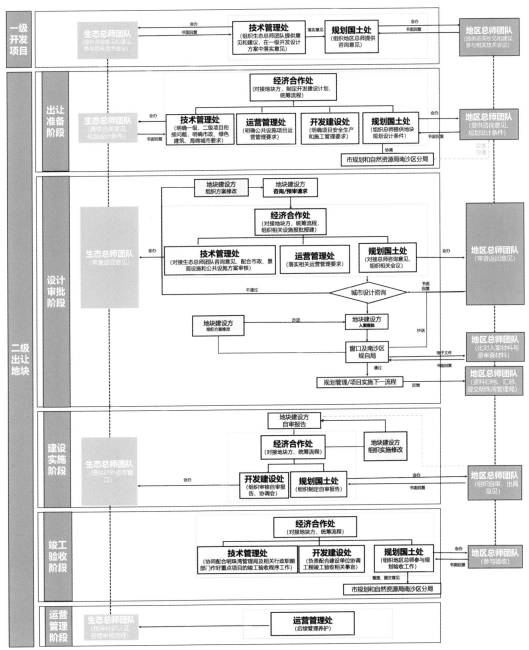

图 10-1　生态总师、明珠湾管理局、城市总师三方协同工作图

图片来源：明珠湾起步区灵山、横沥岛尖绿色生态总设计师工作制度（试行）

10.2.3 总师制度工作流程

地区总师制度由明珠湾管理局、区国规局及总师团队共同执行，具体工作流程如图 10-2 所示。地区总师制度对地块开发建设的指导，主要分

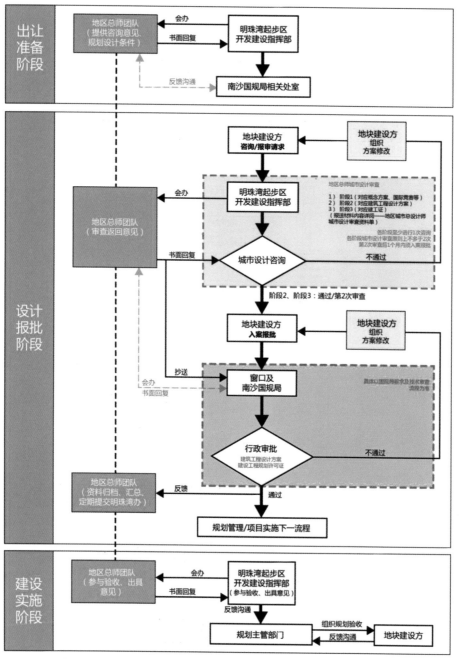

图 10-2 明珠湾起步区 C1、C2 单元地区总师咨询流程图（一）
图片来源：明珠湾起步区横沥岛尖地区城市总设计师工作制度

为案外咨询阶段和规划报批阶段。一般来说，地块建设单位将方案提交给区国规局审批前，要先征求地区总师案外咨询意见，按咨询意见形成优化方案报地区总师审查。入案后区国规局按技术审查流程会同明珠湾管理局及地区总师团队（或地区总师审查意见）进行行政审批。具体工作流程如下：

1）案外咨询阶段

建设单位在编制项目初步方案时，在明珠湾管理局及区国规局的指导下，建设单位可向地区总师征求案外咨询意见，并将符合规划设计条件与城市设计要求的设计成果送达地区总师办公室（建设单位对设计成果负责），地区总师团队将从文件签收日起 5 个工作日内以地区城市总设计师设计咨询表回复，抄送明珠湾管理局和国规局。咨询过程中，地区总师团队可会同明珠湾管理局及区国规局召开联席会议共同会商。

2）规划报批阶段

方案稳定（或经咨询）后，建设单位可向地区总师征求总师咨询意见，并将符合规划设计条件与城市设计要求的正式规划报批文件送达地区总师办公室（建设单位对设计成果负责），地区总师团队将从文件签收日起 5 个工作日内以地区城市总设计师设计咨询表回复，抄送明珠湾管理局和国规局。原则上建设单位各阶段规划报批文件报送总师咨询次数不多于 2 次，且初步提交总师咨询的 1 个月内该文件须报送国规局窗口入案。

若案件未经总师咨询直接入案，明珠湾管理局及区国规局应在收到资料的 1 个工作日内会办地区总师团队、地区城市总设计师将从文件签收日起于 5 个工作日内完成咨询，出具咨询意见并返回相关处室。

明珠湾管理局及区国规局应重点检查总师正式审查意见的落实情况，案件审批通过后，明珠湾管理局及区国规局应将获批设计成果反馈地区城市总设计师（图 10-3）。

总师制度工作的积极开展对明珠湾起步区的建设发展起到了极大的促进作用，建管并重，注重过程把关，保证了明珠湾起步区各方建设发展轨迹的正确性与高效性。

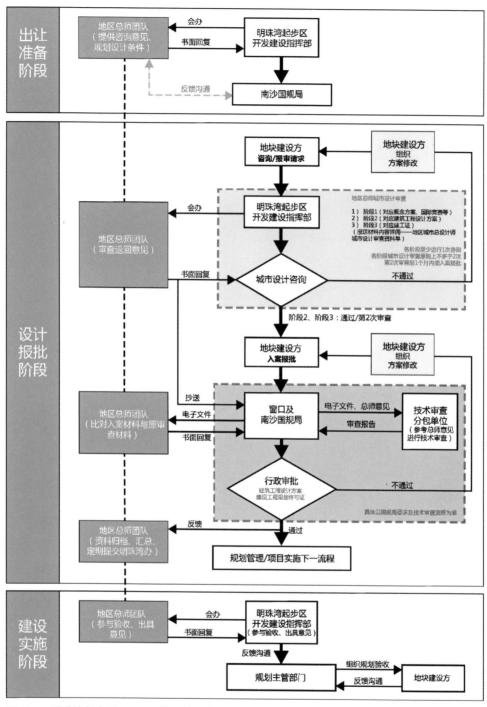

图 10-3　明珠湾起步区 C1、C2 单元地区总师咨询流程图（二）
图片来源：明珠湾起步区横沥岛尖地区城市总设计师工作制度

10.3 绿色生态总设计师制度

明珠湾起步区在地区总师的基础上，成立绿色生态总师团队，对明珠湾的城市建设中的生态工作进行指导。绿色生态总师作为地区总师的重要组成部分，为明珠湾起步区的绿色生态工作全过程、全要素、全流程把关。所谓全过程是指将绿色生态技术支持与服务贯穿于立项与选址阶段、规划阶段、建筑设计阶段、施工阶段直至运营阶段等项目全生命周期。明珠湾起步区的绿色建筑、海绵城市等工作的顺利进行，离不开生态总师技术支持与指导。

10.3.1 行政审批部门

明珠湾区绿色生态工作领导小组，负责统筹明珠湾区绿色建筑工作，完善明珠湾区绿色建筑项目全生命周期的服务和管理流程。绿色建筑工作领导小组由明珠湾管理局的综合事务处、经济合作处、规划国土处、技术管理处、开发建设处、运营管理处等绿色生态城区建设管理部门组成。

由绿色第三方评价机构按照全过程要求及技术落实执行要求予以审核，出具评审报告，作为绿色生态工作领导小组行政审批备案的技术支撑文件。

10.3.2 职责分工

明珠湾绿色建筑全过程技术服务从行政管理和技术服务两方面开展绿色生态的督导、指导、检查和备案工作。

明珠湾起步区绿色生态全过程行政管理小组（以下简称行政小组）由明珠湾管理局负责，明珠湾起步区绿色生态技术服务工作由明珠湾管理局以技术外包形式委派给专业咨询机构，组成明珠湾起步区绿色生态技术服务小组（以下简称技术服务小组）。

1）行政小组主要工作

对内协调管理局各参与部门，形成各处室在绿色建筑建设工作中的联动机制；对外将起步区的绿色生态备案意见递送，并协调区职能部门的工作。

2）技术小组主要工作

负责明珠湾起步区绿色生态推介，配合行政管理小组日常技术工作，出具地块各阶段绿色生态落实意见，连接土地二级开发单位及行政管理小组，反馈二级开发单位绿色生态实施管理需求，参与绿色建筑施工抽查、验收等工作。协助一级市政单位和二级地块单位有效落实生态建设要求，解决在实际操作过程中遇到的问题，提供切实有效的解决方案。宣传绿色生态理念，普及绿色生态知识，指导民众、企业形成良好生态意识。

10.3.3 制度实施情况

生态总师团队由行政小组、技术小组两个团队组成。

以绿色建筑指标实施为例，具体工作内容：绿色建筑技术服务机构协助全过程行政管理小组在城市规划及土地出让阶段，统筹布局区域绿色建筑星级要求，按照《灵山岛尖绿色建筑星级布局方案》落实具体宗地的绿色建筑星级目标。

在绿色建筑方案设计阶段、施工图设计阶段、施工阶段、竣工验收阶段，绿色建筑技术服务机构出具各地块各阶段绿色建筑落实意见，指导地块二级开发单位实施绿色建筑；协助全过程行政管理小组进行各阶段文件的监督检查、验收抽查，保证绿色建筑建设质量，确保宗地施工图满足星级建设目标。运营维护阶段，鼓励新建、既有建筑进行绿色建筑运营标识申报。

在各地块取得绿色建筑星级设计标识认证、竣工验收、绿色建筑星级运行标识认证后，绿色建筑技术服务机构协助全过程行政管理小组进行项目备案。

　　明珠湾绿色建筑全过程技术服务小组对灵山岛尖的绿色建筑进行动态管理，定期数据分析和经验总结（图 10-4）。

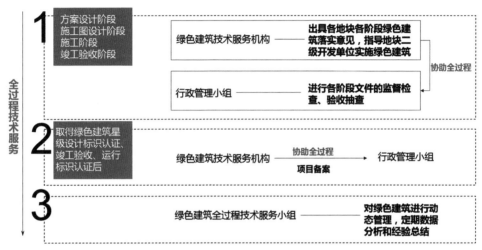

图 10-4　总师制度全过程技术服务工作任务

第 11 章　积极打造"绿色生态影响力"

11.1 政策宣传推广绿色生活

11.1.1 加强政策和技术宣传

加强政策法规宣传，结合全国节能宣传周活动，加大对国家、省、市关于建筑节能和绿色建筑工作的方针、政策宣传，重点是国家节能减排和《节约能源法》、国务院《民用建筑节能条例》、《广州市绿色建筑行动实施方案》、《广州市绿色建筑管理办法》等政策的宣传，加强舆论引导和监督，提高包括机关、学校、社区、企业在内的全社会人员建筑节能意识和积极性。

通过媒体宣传绿色建筑发展规划主要内容，向社会各界明确规划中提及的绿色建筑发展任务、工作重点及激励措施，鼓励企业参与规划实施。开展绿色生态城区和绿色建筑研讨班，组织区各级领导和相关管理人员进行绿色生态城区和绿色建筑基础知识培训。加强建筑从业人员的专业技术培训，提高绿色生态城区和绿色建筑的技术应用水平。

由相关行业协会和绿色建筑协会切实加强对建设、设计、施工图审查、施工、监理等单位从业人员的业务培训，以绿色建筑技术标准和新技术为培训的主要内容，进一步提高从业人员执行绿色建筑标准的能力和自觉性。加强对施工现场工人的技能培训和继续教育，提高施工人员对绿色建筑、绿色施工的认识和应用水平。

11.1.2 开展绿色文化宣传

在党政机关、企事业单位、学校、街道、社区等地定期举办关于建设绿色建筑、倡导生态文明、学习生态环保的知识讲座，在全区普及节约资源、保护环境的宣传教育；充分发挥电视、电台、报刊、新闻、网络等媒体宣传功效，编制并发放《南沙新区明珠湾区起步区绿色建筑和低碳生活手册》等系列指导手册，指引节能、节水、垃圾分类等低碳生活方式。

11.1.3 组织经验交流和推广

对绿色建筑示范项目超低能耗被动房、建筑产业现代化等示范项目的应用技术方案、实施效果及存在的问题进行总结与汇编。对起步区制定的绿色建筑政策、市场运作机制等出台的背景、具体内容及实施效果等予以总结与汇总，形成宣传出版物，并定期召开建筑节能和绿色建筑交流会，充分展现示范建设成果，增强投资者和建设者对新技术、新产品的认识和信心，加大绿色建筑工作的宣传推广力度。

11.1.4 加强多方合作交流

加强起步区绿色建筑和绿色生态城区建设应用技术国内、国际合作交流，充分利用各种对外交流渠道，积极推动国内外科研机构、企业、院校交流与合作，培养和引进优秀科技人才。追踪当代国际前沿技术，引进、消化、吸收和推广国外先进技术、管理经验和设备产品。

11.1.5 推广绿色建筑标识

绿色建筑的建设发展作为营造绿色生活环境的一项基础环境条件，是起步区一直极力推进的一项工作。起步区严格按照《绿色建筑评价标识管理办法》、《绿色建筑评价标准》GB/T 50378—2019 以及相关评价技术细则等，加强绿色建筑评价标识的审查和管理工作，提高工作质量，保证绿色建筑业的健康发展。

11.1.6 开展明珠讲坛活动

为使城市建设参与主体更加了解南沙新区绿色生态城区建设的内涵和外延，在起步区推广绿色生态理念，明珠湾管理局定期主办明珠讲坛活动，将起步区的新理念、新建设、新思想在讲坛上进行推广讲解。截至 2020 年底已开展十二期明珠讲坛，讲坛主题包括绿色建筑、智慧隧道、装配建筑等，取得了很好的宣传效果，以此为媒介宣传推广绿色生活理念，加大民众对绿色生活的了解。

11.1.7 公众参与和社会监督

积极发动、组织引导人民群众参与生态城区的建设工作，形成起步区生态城区建设的广泛群众基础，建立和完善公众参与制度，涉及群众利益的规划、决策和项目，应充分听取群众的意见，及时公布起步区绿色生态城区方面的建设重点内容，扩大公民知情权、参与权和监督权。大力开展生态城区的群众性创建活动,充分发挥工会、共青团、妇联等社会团体作用，积极组织和引导公民从不同角度，以多种方式积极参与绿色生态城区建设。

11.2 明珠湾绿色生态荣誉

11.2.1 保尔森可持续发展绿色创新类别优胜奖

保尔森可持续发展奖由保尔森基金会于 2013 年发起，自 2017 年起与清华大学联合主办。该奖项每年颁发一次，对在中国境内推行的创新的、可复制的、具有经济和环境双重效益的市场解决方案进行表彰和奖励，以应对最为紧迫的环境挑战。"保尔森奖"旨在助力中国经济实现低碳转型，为世界其他地区可持续发展树立成功典范，为全球可持续发展注入新活力。自 2020 年起"保尔森奖"将聚焦"绿色创新"（green innovation）和"自然守护"（nature stewardship）两大类别，立足于城市人居环境和自然生态环境两个维度，征集创新的可持续发展解决方案。

明珠湾以灵山岛尖在国内首创绿色生态总师管理模式申报了 2020 年度保尔森可持续发展奖，经过多轮严格筛查，从 119 个项目中脱颖而出，进入奖项终审环节。经过以庄惟敏为代表的专家评审团实地勘察后，获得 2020 年度绿色创新类别优胜奖。灵山岛尖绿色生态总师管理模式为岭南地区绿色实践提供先行先试模板，生态可持续发展模式属于国内领先，引领了广州乃至粤港澳地区的生态建设风潮，绿色生态推行模式在广州地区引起强烈反响，可于全市、全省、全国推广复制（图 11-1）。

11.2.2 亚洲都市景观奖

"亚洲都市景观奖"由联合国人居署亚太办事处、亚洲人居环境协会、福冈亚洲都市研究所、亚洲景观设计学会四家国际机构于 2010 年共同创设。该奖项以年度评选的方式，旨在为城市科学发展、都市景观环境治理、都市景观规划实施提供经验和指导，促进都市景观的改善，对具有突出贡献、深远影响的都市景观进行表彰、奖励。

明珠湾以灵山岛尖北岸滨水景观带工程申报了 2020 年度亚洲都市景观奖。灵山岛尖北岸滨水景观带工程位于珠江入海口的蕉门水道的南岸（滨海景观带用地最大宽度 130m，1 级堤防，200 年一遇防洪标准），于 2014 年 12 月开工，2018 年 12 月完工，建设时间历时 4 年，是由滨水海岸、亲水步道、多级消浪平台、堤顶景观路和超级绿化带等共同组成的多级外围生态堤，也是灵山岛尖滨水景观带的核心组成部分。该工程不仅在抗洪方面安全可靠，更是实现了水岸与城市空间的交相融合，充分营造了开放且具层次的滨海景观空间；该工程创新性地采用了"大小海绵"的设计原理，处处彰显滨海河口城市之美，处处体现亲水都市的特色。因其生态环境友好、人与自然和谐的滨水空间建设，斩获"2020 年度亚洲都市景观奖"（图 11-2），被中央、省市级主流媒体多次报道，并作为水利部科技推广中心举办的"防风暴潮生态海堤关键技术"培训推介会上的示范核心技术考察基地。

图 11-1 保尔森可持续发展奖证书
图片来源：广州南沙新区明珠湾开发建设管理局

图 11-2 亚洲都市景观奖证书
图片来源：广州南沙新区明珠湾开发建设管理局

11.2.3 LEED for City and Community 铂金级预认证

LEED 认证体系是全球极具影响力的绿色认证体系，被誉为绿色认证体系中的"奥斯卡"奖项。由美国绿色建筑协会建立并推行的《绿色建筑评估体系》（*Leadership in Energy & Environmental Design Building Rating System*），国际上简称LEEDTM，是目前世界各国各类建筑环保评估、绿色建筑评估以及建筑可持续性评估标准中最完善、最有影响力的评估标准。经过 20 余年的发展，目前在全球已经有 175 个国家超过 10 万个项目通过认证，每天认证的楼宇面积超过 30 万 ㎡，是应对气候变化的一个重要工具。LEED 城市与社区 (LEED for City and Community) 是用于评估城市或社区的可持续性和生活质量的全球评价体系。它采取了多方利益相关者的方法，通过与城市发展利益相关方的充分交流与协作，高效地促进全球城市的可持续、公平性与韧性发展。

明珠湾以横沥岛尖绿色生态 2.0 工作申报了 LEED for City and Community 预认证，内容涵盖城市的土地、交通、环境、资源能源、经济、社会等方面，成功获得预认证奖牌。结合此次国际绿色认证的契机，明珠

图 11-3 LEED for City and
Community 铂金级预认证
证书
图片来源：广州南沙新区
明珠湾开发建设管理局

图 11-4 明珠湾管理局与中国绿色建筑委员会、美国绿色建筑委员会签署战略合作协议
图片来源：广州南沙新区明珠湾开发建设管理局

湾管理局与美国绿色建筑委员会、中国绿色建筑委员会三方签署战略合作
协议，拟通过建设过程融合绿色、可持续发展理念，使城市可持续建设取
得不同程度的预期成效，进一步提升城区在可持续发展、生态建设方向的
国际影响力。三方将通过共同搭建平台，建立合作机制，推进体系认证。
与此同时进行联合研发，探究绿色建筑、场地与能源等方面的最佳解决方
案和技术路径等。未来，合作三方还将以召开论坛会议、研讨会等形式分
享研究成果与实践经验，并在符合法律和相关规定前提下，进行国际宣传
推介，展示明珠湾绿色发展成果（图 11-3、图 11-4）。

11.2.4 国家级绿色生态城区三星级规划设计标识

国家绿色生态示范城区是为了倡导在城市的新建城区中因地制宜利用当地可再生能源和资源，推进绿色建筑规模化发展提出来的概念。国家绿色生态城区评价标识是以住房和城乡建设部为促进城市绿色发展而颁布的《绿色生态城区评价标准》为评判依据，从土地利用、生态环境、绿色建筑、资源与碳排放、绿色交通、信息化管理、产业与经济、人文等元素对城区进行因地制宜的评价。包括规划设计评价和实施运管评价两个阶段，评价结果按满足各控制项的要求评分，总分以 50 分、65 分、80 分为界，分为一星级、二星级、三星级三个等级。国家绿色生态城区三星级规划设计标识为最高星级，标志着国家生态城区建设管理的最高水平，是我国评价城区可持续发展的重要工具。

明珠湾以灵山岛尖绿色生态 1.0 工作申报了 2019 年度国家级绿色生态城区，在评选过程中，灵山岛尖依托良好的自然禀赋和特有的岭南水乡文化，对标世界先进城市开展绿色生态工作，在绿色建筑、海绵城市、绿色交通、智慧城市发展等方面展示出良好的绿色生态建设效果，经过前期多轮角逐，从全国 9 个项目的候选名单中脱颖而出，成为唯一获得国家绿色生态城区规划设计三星级评价标识的项目（图 11-5）。灵山岛尖高品质的城市规划、人性化的城市设计、优美的生态环境、活力的城市氛围，引领生态宜居城市成长，推进城市现代化建设，激发城市活力，提高城市

图 11-5 国家级绿色生态城区三星级规划设计标识证书
图片来源：广州南沙新区明珠湾开发建设管理局

发展质量和居民生活满意度和幸福,实现了环境与人类友好型的实践共享,打造了生态、宜居、宜业、宜游的示范区。

11.2.5 Construction21 国际可持续发展城区解决方案奖

Construction21 国际（Construction21 AISBL）起源于欧盟智能能源（Intelligent Energy Europe, IEE）计划,于 2012 年在比利时成立,是一个致力于推动建筑行业信息共享,宣传以人为本和环境友好型的绿色健康、智慧低碳建筑和生态城区理念,推广优秀项目和实践经验以应对全球气候变化的非营利性组织。Construction21 国际以应对气候变化为宗旨,以推进绿色建筑行业信息共享、促进行业经济发展为出发点,通过建立国际化、专业化的创新性综合信息交流平台并举办年度国际"绿色解决方案奖"评选,宣传健康建筑、绿色建筑和生态城市理念,推广优秀项目实施经验,推动建筑行业可持续发展。

Construction21（中国）以国家建筑工程技术研究中心为依托,负责开展中国的相关活动并与国外平台对接。Construction21（中国）设置建筑和城市两个层面的奖项,具体为:健康建筑解决方案奖、既有建筑绿色改造解决方案奖、新建建筑绿色解决方案奖、可持续发展城市奖。

明珠湾以灵山岛尖绿色生态 1.0 工作申报了 2019 年度 Construction21 可持续解决方案奖,此次竞争共有来自 37 个国家的 192 个项目,经过封闭式国内专家答辩、开放式大众投票、国际专家建言、公示等激烈竞争环节,产生入围名单,灵山岛尖最终获得 2019 年度"可持续发展城区解决方案奖国际入围奖"（图 11-6）。灵山岛尖在地理、政策、生态上拥有得天独厚优势,加上自建设以来持久坚持生态优先、绿色发展,因地制宜进行可持续开发建设及生态探索工作,切实改善生态环境,生态效益明显,如区域水环境达到Ⅲ类水质、空气优良天数达 95% 以上,为起步区乃至大湾区建设提供先行先试的样例和示范。

图 11-6 Construction21 国际可持续发展城区解决方案奖证书
图片来源：广州南沙新区明珠湾开发建设管理局

参考文献

[1] 绿色建筑评价标准：GB/T 50378-2006[S]．2006.

[2] 绿色生态城区评价标准：GB/T 51255-2017 [S]．2017.

[3] 中共中央、国务院．粤港澳大湾区规划纲要 [Z]．2019．http://www.gov.cn/gongbao/content/2019/content_5370836.htm.

[4] 广州市南沙区、广州南沙开发区．广州市南沙区、广州南沙开发区（自贸区南沙片区）国民经济和社会发展第十四个五年规划和 2035 年远景目标纲要 [Z]．2021．http://www.gzns.gov.cn/zwgk/rdzt/fdbnlqhxzc/bsskxj/content/post_7318739.html.

[5] 仇保兴．兼顾理想与现实：中国低碳生态城市指标体系构建与实践示范初探 [M]．北京：中国建筑工业出版社，2012.

[6] 广州市南沙新区明珠湾开发建设管理局．广州南沙明珠湾起步区绿色生态指标体系研究报告 [R]．2019.

[7] 谢鹏飞，周兰兰，刘琰，等．生态城市指标体系构建与生态城市示范评价 [J]．城市发展研究，2010（7）．

[8] 杜吴鹏，房小怡，刘勇洪，等．基于气象和 GIS 技术的北京中心城区通风廊道构建初探 [J]．城市规划学刊，2016（5）．

[9] 臧鑫宇．绿色街区城市设计策略与方法研究 [D]．天津大学，2014.

[10] 广州市城市总体规划（2017 ～ 2035 年）（在编）．

[11] 广州市人民政府．广州南沙新区城市总体规划（2012 ～ 2025）[Z]．2015．http://www.gd.gov.cn/gkmlpt/content/0/144/post_144200.html#7.

[12] 广州市南沙新区明珠湾开发建设管理局．明珠湾起步区整体城市设计及控规修编 [Z]．2017.

[13] 广州市南沙新区明珠湾开发建设管理局．明珠湾起步区（横沥岛）控制性详细规划修编 [Z]．2020.

[14] 李颖．城市生态环境保护与可持续发展的关系研究 [J]．资源节约与环保，2021（2）．

[15] 国务院办公厅．关于推进城市地下综合管廊建设的指导意见（国办发〔2015〕61 号）[Z]．2015．http://www.gov.cn/zhengce/content/2015-08/10/content_10063.htm.

[16] 广州市南沙新区水务局．南沙新区水务总体规划专题（水系蓝线、防洪、水环境、海绵城市）报告 [R]．2019.

[17] 广州市南沙新区明珠湾开发建设管理局．广州南沙新区和明珠湾区绿地景观风貌规划建设指引 [Z]．2020．

[18] 广州市水务局．广州市海绵城市建设技术指引及标准图集（试行）[Z]．2020．

[19] 广州市南沙新区明珠湾开发建设管理局．广州南沙灵山岛尖、横沥岛尖海绵城市实施方案 [Z]．2018．

[20] 广州市南沙新区明珠湾开发建设管理局．广州南沙新区明珠湾起步区能源规划 [Z]．2018．

[21] 刘卫国．绿色低碳理念下现代城市交通规划措施分析 [J]．住宅与房地产，2020（32）．

[22] 广州市南沙新区明珠湾开发建设管理局．广州南沙新区明珠湾起步区绿色交通规划 [Z]．2018．

[23] 广东省第十三届人大常委会．广东省绿色建筑条例 [Z]．2020．http://www.gov.cn/gkmlpt/content/8/8569/post_8569717.html#1328．

[24] 广东省住房和城乡建设厅．广东省绿色建筑发展"十四五"规划 [Z]．2021．http://zfcxjst.gd.gov.cn/gkmlpt/content/3/3332/post_3332401.html#1422．

[25] 广州市住建委．关于明确绿色建筑标准执行的有关事项的通知 [Z]．2020．http://zfcj.gz.gov.cn/gkmlpt/content/7/7042/post_7042869.html#1090．

[26] 广州市南沙区人民政府办公室．关于印发广州市南沙区绿色建筑与建筑节能工作指导意见的通知 [Z]．2017．http://www.gzns.gov.cn/zfxxgkml/gzsnsqzfhcxjsj/zfwj/gfxwj/．

[27] 广州市南沙新区明珠湾开发建设管理局．广州南沙新区明珠湾区起步区绿色建筑星级布局指南 [Z]．2017．

[28] 广州市南沙新区明珠湾开发建设管理局．广州南沙新区明珠湾区起步区绿色建筑设计导则 [Z]．2018．

[29] 广州市南沙新区明珠湾开发建设管理局．广州南沙新区明珠湾片区起步区绿色施工技术指南 [Z]．2018．

[30] 建筑工程绿色施工规范：GB/T 50905-2014[S]．2014．

[31] 广东省环境保护厅．广东省环境保护"十三五"规划 [Z]．2017．http://gdee.gd.gov.cn/jc5871/content/post_2287570.html．

[32] 广州市南沙新区环境保护局．广州南沙新区环境保护第十三个五年规划 [Z]．2018．http://www.gzns.gov.cn/zwgk/ghjh/fzgh/content/post_3865153.html．

[33] 广州市南沙新区明珠湾开发建设管理局．广州南沙新区明珠湾起步区固体废弃物处理与资源利用专项规划 [Z]．2019．

[34] 中共中央、国务院．国家新型城镇化规划（2014～2020年）[Z]．2014．http://www.gov.cn/xinwen/2014-03/17/content_2639873.htm．

[35] 国家发改委等八部委. 关于促进智慧城市健康发展的指导意见 [Z].2014. http://www.sdpc.gov.cn/gzdt/201408/t20140829_624003.html.

[36] 国家发改委. 新型智慧城市指标体系 [Z].2016. https://www.sohu.com/a/295531071_654086.

[37] 广州市南沙新区明珠湾开发建设管理局. 明珠湾智慧城市总体规划方案 [Z].2018.

[38] 广州市南沙新区明珠湾开发建设管理局. 关于印发《灵山岛尖地区城市总设计师工作制度》的通知（穗南明局〔2020〕22 号）[Z].2020.

[39] 广州市南沙新区明珠湾开发建设管理局. 关于印发《明珠湾起步区横沥岛尖地区城市总设计师工作制度》的通知（穗南明局〔2020〕61 号）[Z].2020.

后 记

碳达峰、碳中和的国家政策陆续发布，实现碳达峰、碳中和，是以习近平同志为核心的党中央统筹国内国际两个大局作出的战略决策，是城乡建设领域低碳绿色可持续发展的必然选择。低碳生态城市建设是当前应对城市人口膨胀、资源环境突出问题、环境变化、气候变化的可持续发展手段，旨在实现城市生态化、低碳化、人与自然共生化。

《新型城镇化的"碳中和"道路：明珠湾起步区绿色低碳建设实践》以明珠湾起步区"绿色低碳创新实践"为主题，以高质量发展为目标，全面展示了明珠湾七年低碳生态视角下的城市规划建设过程。低碳生态全角度下的明珠湾起步区从体制机制创新、岭南特色低碳技术成果编制、区域低碳建设推进等方向，实现优化城市资源要素配置、调整城市空间布局、协调各项事业建设、建设优质人居环境，改变以往片面重视城市规模和增长速度的旧有新城建设模式，转向平衡生态和城市，自然与人类的关系，关注居民美好生活需求，提高城市的可持续发展水平。

2014年8月至今，明珠湾起步区的低碳生态城市建设取得了丰富的研究和实践成果，在探索的路上大胆突破，但同时也遇到了多方挑战。本书通过对建设过程的理念、经验和实践的总结，以期帮助、促进和推动南沙新区乃至粤港澳大湾区未来的低碳生态城市建设。本书设立编制委员会，全面透析明珠湾起步区在低碳生态顶层设计、中层专项规划编制、底层具体项目实践、体制机制创新、国家社会获奖检验等工作，对明珠湾起步区低碳生态的发展和研究成果进行了系统总结和集中展示，期间几经修改、完善、提升和固化，并最终于2021年9月成稿。在此，再次为明珠湾生态低碳建设者以及本书的编写者致以诚挚的谢意。

本书中的探索性、阶段性的成果，欢迎各界参与低碳生态建设的读者朋友提出宝贵的意见，并欢迎对明珠湾起步区持续关注，加强交流。

双碳工作的新要求，为城乡建设提出新的方向和挑战，低碳生态城市是明珠湾起步区的必然选择，也是促使明珠湾起步区人－城市－资源－生态协同的关键举措。未来，明珠湾起步区将持续探索城市低碳生态建设新方向，持续创新岭南特色的低碳、生态、可持续城市发展体系、体制机制和建设模式。

卢劲松

二〇二一年十一月于明珠湾